Rolf Cyriax · Peter Wichmann

Das habe ich
im Koma gedichtet

Rolf Cyriax · Peter Wichmann

Das habe ich im Koma gedichtet

Autoren, die die Welt
zum Glück nie lesen musste

Bassermann

MIX
Papier aus verantwor-
tungsvollen Quellen
FSC® C014496

Verlagsgruppe Random House FSC®-DEU-0100
Das für dieses Buch verwendete FSC®-zertifizierte Papier
München Super liefert Arctic Paper Mochenwangen GmbH.

ISBN: 978-3-8094-2826-8

Umschlaggestaltung: Atelier Versen, Bad Aibling
Projektleitung: Anja Halveland
Herstellung: Sonja Storz
Layout und Satz: Nadine Thiel, kreativsatz, Baldham

Druck: GGP Media GmbH, Pößneck

Printed in Germany

817 2635 4453 6271

**Alle Briefe sind in der Originalfassung wiedergegeben.
Und selbstverständlich blieben die Fehler stehen.**

Inhalt

Die Autoren

Dr. Rolf Cyriax
1938 in der Pfalz geboren. Dreizehn lebhafte, nicht immer konfliktfreie Schuljahre. Eine Wahlveranstaltung mit Konrad Adenauer regte mich zur Beschäftigung mit der deutschen Sprache an. Also Studium der Germanistik und Anglistik in München und Freiburg im Breisgau. Engagement in der Fachschaftsarbeit und auf Studiobühnen. Hier gemeinsamer Auftritt mit Peter Wichmann in O'Neills „In the Zone". Das Berufsleben begann in München mit PR- und Pressearbeit, ab 1971 widmete ich mich Büchern, die letzten zehn Jahre als Lektor im Karl Blessing Verlag, wo ich, wie schon zuvor bei Kindler, die Kabarettreihe betreute. Vier eigene Bücher, gemeinsam mit dem Karikaturisten Dieter Hanitzsch. Herausgeber zahlreicher Bücher zu Cartoon und Satire.

Dr. Peter Wichmann
Geboren 1941 in Hamburg. Ich erhielt den ersten sprachlichen Schliff an der „Kieler Gelehrtenschule". Danach Jura-Studium, um die Schönheiten der Rechtssprache auszukosten. Als Ausgleich Mitwirkung an Aufführungen von Studiobühnen, zum Beispiel in Freiburg im Breisgau. Hier gemeinsamer Auftritt mit Rolf Cyriax in O'Neills „In the Zone". Wissenschaftlicher Assistent, danach Rechtsanwalt, seit 1981 in München. Autor faszinierender Artikel in Fachzeitschriften, vor allem über attraktive Themen der Strom- und der Fernwärmeversorgung.

Gedanken zur Einstimmung

Die herrschende Meinung ist überzeugend: Ein Mann kann auf ein erfülltes Leben zurückblicken, wenn er erstens einen Baum gepflanzt, zweitens einen Sohn gezeugt und drittens ein Buch geschrieben hat. Das alles zu bewältigen, ist nicht einfach. Hat Mann sich hochzufrieden einen Setzling organisiert und will den irgendwo hinpflanzen, kommt so was wie die untere Forstbehörde und fällt ihm in den Arm. Nicht viel positiver sieht es beim sogenannten Stammhalter aus. Da arbeitet Mann jahrelang und blickt dann glücklich, aber auch leicht frustriert auf sein Dreimäderlhaus, weil er sein Söhnlein vermisst. Dann bleibt also, denkt der noch nicht ganz glückliche Mann, nur das Buch als letzte Rettung. Als Autor Erfolg zu haben, dürfte doch nicht zu schwierig sein. So viele Menschen schreiben und veröffentlichen, manche werden reich und erhalten Preise und leben unter den wärmenden Strahlen des Ruhms.

Und dann schreibt das verborgene Talent, bis der Computer glüht, und schickt sein Opus an einen Verlag. Diese erhalten täglich zwischen zehn und dreißig „unverlangt eingesandte Manuskripte", und die Lektoren haben wieder was zu tun. Es ist eine lästige Pflicht, alle Arbeiten wenigstens anzulesen, aber hier und da finden sich in den Briefen dunkle Perlen deutscher Prosa, Beweise für den Humor der Deutschen, allerdings den unfreiwilligen. Und so bleibt ihre Lektüre ein Quell stürmischer Freude!

„Meine Träume im Koma"

oder

Junge Dichter

Die unausgesprochene Maxime unserer jungen Dichter lautet: Alles muss raus! Im Angebot sind: Lyrik, die „zum Kabarettistischen tendiert, wobei das ironische Element keineswegs fehlt", Romane, die „nicht nur Diabetikern" helfen sollen, sondern auch Gesunden, Geschichten, in 7 Bänden komplett angeboten, Band 1–3 „mit meinem Foto für die Titelseite", Band 4–7 „ohne Foto".

Es melden sich gewissermaßen ungeschliffene Diamanten zu Wort zwecks Werbung für den angebotenen Text oder auch zur Begründung einer „fruchtbaren Zusammenarbeit": „Das Manuskript, was ich Ihnen anbieten will, bin ich selbst am schreiben" oder – falls es zur fruchtbaren Zusammenarbeit kommt –: „An konkreten Ideen soll es dabei nicht mangeln."

Formbewusst, wenn auch pedantisch, wird angefragt, wie die Bindung an den Verlag sich praktisch herstellen lässt: Bitte um Mitteilung, „welche Aufgaben zu erledigen, Anforderungen zu erfüllen und Formulare auszufüllen sind…"; man adressiert sich gleichsam an ein Amt zur Verwaltung geistiger Güter.

Diesen Brief erhielten wir von Jürgen:

An einem schönen Tag des letzten Sommers faßte ich den Entschluß, all die großen Gedanken in meinem kleinen Kopf, in ansprechende, nachdenkliche Geschichten zusammenzufassen und schriftlich festzuhalten, damit sie meinen Mitmenschen in geeigneter Form zugänglich sind.

...

Darf ich Sie um Aufklärung bitten, welche Aufgaben zu erledigen, Anforderungen zu erfüllen und Formulare auszufüllen sind, damit Ihr Verlag meine Texte als Buch veröffentlichen könnte?

Für Ihre wertvolle Unterstützung danke ich Ihnen im Voraus.

Wir mussten Jürgen leider enttäuschen, obwohl all die großen Gedanken in seinem kleinen Kopf uns schon interessiert hätten. Damit der aber nicht anfing, Formulare auszufüllen, schrieben wir ihm einen kleinen Brief für seinen großen Papierkorb.

Von ferne bot Dietmar etwas an:

Erlauchte Herrschaften des Lektorats!

Bei Ihrer mühevollen täglichen Arbeit konnten Sie nicht bemerken, dass sich in aller Stille ein literarisch bedeutsames Ereignis vollzog: Ich bin im November nach Rom verzogen ... Mich hat inzwischen zum Dichter geschmiedet das Leben in der Ewigen Stadt ...

Ich reihe mich also in die lange Schlange der anderen Poeten deutscher Zunge, die vor den Toren der Literatur sich wartend drängen, um von Ihnen erwählt zu werden, ihre Weihegabe auf dem Altar des deutschen Geisteslebens niederlegen zu dürfen. Denn als Anfänger bin natürlich auch ich in ungebrochener Gläubigkeit davon überzeugt, mein Dichtwerk werde mir freudigem Wohlgefallen und hoher Auflage von der deutschen Leserschaft aufgenommen. Sie kennen das ...

Indem ich zuversichtlich auf ihren Edelmut rechne ...

Wir Lektoren sind grundsätzlich unbestechlich. Natürlich auch eitel. Aber als uns ein in der Ewigen Stadt geschmiedeter Möchtegernautor „erlaucht" nannte, wurden wir euphorisch, aber auch zurückhaltend. Aus einem einzigen Grund: Wir waren bourgeois, nicht adlig. Und so haben wir aus dem dritten Stand heraus abgesagt mit dem Hinweis, dass wir an seiner Weihegabe nicht interessiert seien.

Und dann erreichte uns Wolfgangs Angebot:

Sehr geehrte Damen und Herren,

ich bin zur Zeit an einem Manuskript am arbeiten das voraussichtlich am 15. 3. fertig ist. Das Manuskript was ich Ihnen anbieten will, bin ich selbst am schreiben und ist jetzt schon ein Meisterwerk der Kunst und der Poesie, es ist mit viel Fantasie und Klasik. Dieses Manuskript wird wenn es fertig ist 50 Din 4 Seiten haben. In dem Manuskript selbst sind Kindermärchen, Kurzgeschichten und Gedichte vorhanden.

Wenn Sie an meinem Manuskript Interesse haben, kann ich ihnen mein Manuskript ja zuschicken.

Nach der Lektüre dieser Offerte waren wir sofort an einem Brief am schreiben, und auch dieser Brief gelang uns als ein Meisterwerk der Kunst und Poesie, mit viel Fantasie und Klasik. Da ließen wir uns nicht lumpen. Und das teilten wir dem jungen Poeten postwendend mit.

Manchmal staunten wir. Zum Beispiel über Waltraud:

*Bei Ihnen möchte ich meine Anthologie „Meine Träume im Koma"
veröffentlichen. Würden Sie dieses Thema annehmen? Ihr Preis
für die Veröffentlichung ist nicht ohne Belang. Könnten Sie mich
über Größe, Schriftform pro Seite für die Anthologie benachrich-
tigen?*

*In der Hoffnung auf ein gutes Gelingen verbleibe ich mit freund-
lichen Grüßen ...*

Dies schrieb uns Waltraud und stürzte uns in Verwirrung.
Zum einen hat sie im Koma geträumt (und die Träume nicht
vergessen, was schon erstaunlich ist) und dann aus diesen
Träumen eine Anthologie zusammengestellt, was auch nicht
ohne ist, zum anderen aber gleich das pekuniäre Umfeld
abgeklopft. Da blieb uns nur die Frage: Sollen diese koma-
tösen Poeme an die Öffentlichkeit, oder sollten nicht wir
besser uns ins Koma saufen? Und dann auch Träume haben.
Zum Beispiel jenen, den der anonyme Poet uns zugeschickt
hat (s. S. 28), mit dem wir das Kapitel der jungen Dichter
beschließen.

Poetische Ergüsse bot Holger an:

Sehr geehrte Lektoren,

…

Ich hatte IHNEN unlängst eine Arbeit von mir zugesendet die ja sehr liederlich war. NUN, ich habe ein neues Exemplar, Neue IDEEN und weniger Fehler, geschrieben, wenn Sie INTERESSE hätten würde ich IHNEN das SCRIPT zu senden. — ES Ist (meist) in VERSEN geschrieben und mit einem REIM das ganze BUCH durch geschlossen. —

Etwa 600 SEITEN in Drei TEILEN. —

Lyrik, ich meine VERSE werden dann geschrieben, wenn die PROSA nicht mehr Aussagekräftig genug ist. —

EIN VERSUCH, dies zu lesen, wäre ich IHNEN dankbar, jedoch muß ich es noch kopieren, da es mir gerade von der Schreibmaschine gesprungen. —

Ich wünsche IHNEN alles gute.

Diesen Brief und den anschaulichen Text haben wir wohlwollend geprüft, weil 600 Seiten Jambendichtung unseren Respekt verdienten. Und dann führte der junge Dichter noch aus, dass Verse geschrieben werden müssen, „wenn die Prosa nicht mehr Aussagekräftig genug ist". Bei diesem Ausflug ins Literaturwissenschaftliche wurde unser Respekt gewaltig, und wir beschlossen, unsere Absage, gereimt natürlich, aus der Schreibmaschine springen zu lassen.

Auszug aus dem Manuskript:

Mit großer Stärke, schreitete ein Mann des Wegs, schreitete einher um der Menschheit den Übermenschen zu erklären.

Er schritt, bis er an eine Pforte geriet und klopfte alsbald, und mit mächtigen Schritten hub der Koloss, auf entgegengesetzte SEITE – Zarathustra entgegen. Und mit einemal, sprang das TOR auf: und da stand er nun, mächtiger noch als man es Zarathustra erzählte und seine höllisch Glühenden AUGEN leuchteten gewalltiger als das Licht der SONNE!!! Und ein jeder der das Antlitz dieses mächtigen Kolosse gewahr werden wollte, wurde BLIND, und stoben orientierungslos durch die Welt.
So gewalltig waren die Augen des Übermenschen, der da stand mit seiner ambrosischen Mähne, die sein Haupt umwehten.

Ein Schreiben von Edeltraud erreichte uns:

Sehr geehrte Damen und Herren,

aus Eindrücken, Kurzgeschichten, Gedichten und Stimmungen habe ich versucht, einen Roman entstehen zu lassen ...

Mit diesem Roman, den ich in der ersten Person geschrieben habe, weil es „meine Krankheit" ist, mit der ich mich auseinandersetzen mußte, möchte ich nicht nur zum Zweck meiner Vergangenheits- und Krankheitsbewältigung geschrieben haben, sondern auch, um anderen chronisch Kranken, nicht nur Diabetikern, zu helfen, und auch, um Gesunden einen Einblick in das „ganz normale Leben" Kranker zu verschaffen.

Gewiss, als Diabetiker lebt man gefährlich: Einmal nicht gespritzt, und schon plaudert man mit Freund Hein. Aber erst mal wollte Edeltraud mit uns ins Gespräch kommen – und verhedderte sich so grundsätzlich im Nebulösen, dass wir bald abwinkten. Aus Eindrücken und Kurzgeschichten und Stimmungen einen Roman entstehen zu lassen – Frage: schreibt sie selbst oder lässt sie schreiben? –, als dessen Rahmen sich das Tagebuch versteht ... da verstanden wir nun gar nichts mehr. Wünschten ihr aber das Beste für die Zukunft.

Piet sandte eine Flaschenpost:

Hochverehrter Verlag,

mit einer Bitte wende ich mich hoffnungsvoll an ihr hohes Haus: Ich als kleiner Revolutionär bin nämlich im Begriff die Seite zu wechseln, aus dem namenlosen Heer der Leser auf die Seite derer, die dieses Heer mit immer neuen Leckereien beglücken. Und bei dieser Flucht in die Öffentlichkeit werfe ich meinen Anker als erstes auf ihren Schreibtisch und hoffe aus dem Meer der Ungewissheit an Land gezogen zu werden. (Ich weiß nicht, aber vielleicht bin ich gar ein fetter Fisch?) Ich bitte Sie sich die beigelegten Gedichte und Kurzgeschichten einmal durchzulesen.

Hoffnungsvoll und demütig auf ihr Kritik und (Flaschen) Post wartend

Dieses Angebot war uns zu maritim. Keiner von uns wollte den kleinen Revolutionär kennen lernen, der sich als fetter Fisch erweisen könnte, der uns mit immer neuen Leckereien zu beglücken versprach. Wir hätten ihn ja auch noch auf unseren Schreibtischen an Land ziehen müssen. Da haben wir seine Texte einfach mit einer Flaschenpost zurückgeschickt.

Ein kurzes Handschreiben kam von Uschi:

Sehr geehrte Herren,

Ich habe auch etwas geschrieben und frage daher bei Ihnen an, ob Sie Interesse haben?
Gern höre ich von Ihnen.

Mit freundlichem Gruß

Die Deutschen sind, das weiß ein jeder, das Volk der Dichter und Denker. Alle Dichter und Denker schreiben. Also denken viele Deutsche: Wenn ich schreibe, bin auch ich ein Dichter, wenn nicht gar ein Denker. Und was sie schreiben, schicken sie an Buchverlage. Manche verhinderten jungen Dichter und Denker sind schon reich an Jahren, vielleicht schon dem Tode nahe, und was sie schrieben, geschah offensichtlich im Koma. Ob ihre sprachlichen Leistungen zum Träumen sind, sei dahingestellt. Frau Uschi haben wir sofort abgesagt. Schließlich wollte sie ja gern von uns hören.

Auch ein anonymer Großschriftsteller sandte uns sein Manuskript:

Es war heiß geworden in der blechgedeckten Halle, so heiß, daß Hank sich die Stirn abwischen mußte. Sein Blick glitt zu den Beinen des Mädchens. Schenkel wir sturmgepeitschte Nebelschwaden, Waden, die sich wie ein Schierlingsbecher nach unten verjüngten, Sehnen, die sich wie zuckende Nattern ans Fersenleder der Schuhe schmiegten. Das Schönste waren Deborahs Flanken. Das Muskelspiel der Schenkel unter dem dünnen Stoff ließ Hank an eine Fohlenherde denken, die im sommerlichen Wyoming über eine Koppel galoppierte. Ein Wippen der Knie, ein Vibrieren des Schoßes, ein Gruß aus der Po-Ebene. Hank hatte es geahnt, als Aaron ihn vor einer Woche anrief und verkündete: „Ich habe die Idealbesetzung für die Novizin gefunden!" Goldsmith und sein unseliger Hang zu versexten Kindfrauen…

Aus einem Berg von Seiten herausgezogen, aus dem Zusammenhang gerissen, zugegeben, sei diese Textprobe ein Beweis für das überbordende Sprachgefühl eines jungen Dichters, der beim „Muskelspiel der Schenkel unter dem dünnen Stoff an eine Fohlenherde denken" musste. Wow! Wir mussten da, das sei gestanden, an ganz was anderes denken.

Und dann erfreute uns Walter:

Manuskripteinreichung

Sehr geehrte Verlagsleitung

Ich hoffe, Ihnen mit Ihrer freundlichen Erlaubnis mitteilen zu dürfen, daß ich soeben mein erstes Werk fertiggestellt habe, und es mir daher ein besonderes Anliegen bereitet, dieses Buch durch einen Ihrem Status entsprechenden, renommierten Verlag veröffentlicht bzw. auf dem Markt vertreten zu wissen. Es handelt sich hierbei um eine, 48 Seiten des Formates DIN A4 umfassende, zum Teil gesellschaftskritische, schwarze Satire mit einer kriminalistischen Rahmenhandlung, wobei jedoch ein deutlicher Mittelpunkt durch einen von Resignation, Alltagsfrust und Pessimismus geprägten Mittdreißiger gesetzt wurde, der sich im Laufe der Handlung vor allem mit den anscheinend normalen Grotesken seiner Mitmenschen, seiner Umwelt und nicht zuletzt der Konfrontation mit Aids auseinandersetzen muß, um schließlich die für ihn einzige in Frage kommende Konsequenz zu erkennen und durchzuführen. Mit unbequem bis tief ironischen Seitenheben angereichert zeigt dieses Buch den möglichen Fortgang eines Menschen sowie seiner Generation, und ich glaube sagen zu können, dass dieses Buch eine durchaus anspruchsvolle, zum Nachdenken animierende Unterhaltung für Jugendliche ebenso wie für Junggebliebene darstellt, die gerade durch ihre subjektive Eigenständigkeit und den zeitweilig eigenwillig bis subtilen Stil lebt. Mit der Hoffnung, Sie nun für dieses Erstlingswerk begeistert zu haben, und in Erwartung einer entsprechenden Nachricht verbleibt

Hochachtungsvoll

Warum nur müssen junge Dichter um den heißen Brei herumreden, statt ihr Anliegen knapp und präzise vorzubringen? Statt zu schreiben: „Ich habe soeben meine erste Satire geschrieben und biete Ihnen diese an…", kommt Gestelztes: „Ich hoffe, Ihnen…", aber lesen Sie bitte selbst. Wir haben Walter absagen müssen, weil Gefahr bestand, dass wir ihn nie aus seinem andauernden, ermüdenden Kotau hätten herausheben können.

Und dann pries Anselm sein umfangreiches Œuvre an:

Betreff: Erstveröffentlichung meiner Taschenbücher.

Bitte suchen Sie sich ein oder mehrere Buchmanuskripte aus dem beigefügtem Bücherverzeichnis heraus, diese Sie veröffentlichen können. Ich bin bereit Ihnen die Ausgesuchten Manuskripte zu senden, wenn ich wenigstens 10% vom Verkaufpreis erhalten kann. Es sind insgesamt bis heute sieben Taschenbuchmanuskripte die ich fix und fertig zum veröffentlichen bereit habe. Ich bitte höflich um Ihre geschätzte und ehrliche Antwort und verbleibe

HOCHACHTUNGSVOLL!

Leider können wir aus Gründen des Persönlichkeitsschutzes den Namen und vor allem das Foto des Autors nicht abdrucken. Aber die Auflistung seiner sieben Werke mit Bücherstützen war schon beachtlich. Da fanden sich 171 Prinzipien für das Leben, zum Vordenken, „Meine wahren Erlebnisse bis zu meinem 21. Geburtstag" und, das darf einfach nicht fehlen, „Die Suche nach Gott und nach dem Totenreich". Man kann sich nur wundern, was alles die Menschen für mitteilungswürdig erachten. Wie dem auch sei, wir waren nach der Lektüre seines Briefes ebenfalls fix und fertig.

Aus seinem Angebot:

Bücherverzeichnis   meiner   selbstgeschriebenen
sieben Büchermanuskripten

1. Buch:

171 Prinzipien – für das Leben, zum Vordenken.

(21 Blätter A4 mit meinem Foto für die Tittelseite)

– Innerhalb 30 Jahren niedergeschrieben –

2. Buch:

Es ist besser: (Nr. 1–175)

(18 Blätter A4 mit meinem weiteren Foto für die
Tittelseite)

– Innerhalb 65 Tagen niedergeschrieben –

3. Buch:

… so lebt man länger. (Nr. 1–182)

(16 Blätter A4 mit meinem noch weiteren Foto für
die Tittelseite)

– Innerhalb 5 Monaten niedergeschrieben –

4. Buch:

Zwischen Leben und Tod (Wahre Familiengeschichte
1981)

(23 Blätter A4 = ohne Foto)

– Innerhalb 74 Tagen niedergeschrieben –

5. Buch:

Meine wahren Erlebnisse bis zu meinem 21. Geburtstag in Jugoslawien und Deutschland. (Kind-
cheit und Jugend)

(51 Blätter A4 = ohne Foto)

– Innerhalb 20 Monaten niedergeschrieben –

6. Buch:

Die Suche nach Gott, und nach dem Totenreich, und nach dem Paradies und ewiger Glückseligkeit. (29 Blätter A4=ohne Foto)

– Innerhalb 10 Wochen niedergeschrieben –

7. Buch:

Das revolutionere Wissen:

Es gibt keine Böse-Macht und keinen Teufel, sondern den Dreieinigen Allmächtigen Gott, mit seinen verschiedenartigen guten und gerechten Engeln. –

(18 Blätter A4=ohne Foto)

– Innerhalb 60 Tagen niedergeschrieben –

24

Ausladend-üppig schrieb Bruno:

Ich suche eine kompetente Vertretung meiner Autorenrechte auf dem internationalen Medienmarkt von Europa und USA.

Ein die Welt umspannendes, absolut charismatisches Thema in völlig neuartiger Bearbeitung, eingebettet in die Spannung von spekulativer Wahrheit und relativer Fiktion. Eine populäre Ausgabe mit Anspruch und Niveau. Mit der Explosivkraft eines Kultbuches im Trend des Übersinnlichen. Die Faszination von Gott und der Welt im Wirbel von Chaos und Survival des Planeten Erde. Dies gilt es in das Netzwerk mehrerer größerer Verlage unterzubringen, worin ich auch die erste Maßnahme eines erfolgreichen Marketings sehe.

Im Sinne eines Megasellers soll Sensation und nicht nur Papier verkauft werden. Das Thema bleibt gewahrt und schlägt allermeist nicht über die Stränge.

Nun aber genug der Eigenwerbung, ich hoffe wir können zu einer positiven Zusammenarbeit finden.

Bruno hatte glücklicherweise schon eine sehr deutliche Vorstellung, was er am internationalen Medienmarkt unterbringen wollte: „... ein die Welt umspannendes, absolut charismatisches Thema." Natürlich konnte uns das Survival des Planeten Erde nicht gleichgültig sein, aber wir wollten in diesem Fall anderen Verlagen im Netzwerk größeren Erfolg nicht verwehren.

Von Anton erhielten wir einen Vergleichsbericht:

Ich habe ein Buch über Tanzania aufgeführt, wovon mir schon gänzlich eine Projekteinstellung nicht mehr währt, weil das schon so lange in meiner Bemühungsabsicht liegt, damit auf dem Buchmarkt einen Eingang vorzunehmen. Auch wenn das Thema nicht gerade eine Popularität anspricht, kann man in der Titelschrift mehr Erklärungen einfügen, als das meine Ausführung vertritt. Damit käme das ganze Spektrum zur Erscheinung vorweg, und man könnte erkennen, dass sich da weniger ein Buch über Tansania erweislich hält, sondern ein gesamtafrikanischer Vergleichsbericht, in dem das Land Tansania nur den Ausgangspunkt erhält. Aber vielleicht ist Ihnen noch eine Rubrik anverlegt, wo das Thema auch ausserhalb einer Reisebeschreibung mit geht. Das dazu Gesagte ist grösstenteils nur deshalb für den Deutschen als Wert, weil sich hier die ganze Kolonialgeschichte übergiebt.

Ja, was macht man in solch einem Fall? Ist Anton ein Pseudonym eines Afrikaners? Hat ein Bürger Tansanias nach zehn Stunden Deutschunterreicht zur Feder gegriffen? Und was genau sollten wir da publizieren? Wir schickten ihm das Schiller-Wort „Herr, dunkel ist der Rede Sinn" und rieten ihm, brav Deutsch zu lernen!

Und dann schrieb uns N.N.:

ich schreibe z.Z. ein Buch über die wohl größte archäologische Sensation der letzten 100 Jahre: die Entdeckung Eldorados, jenes sagenhaften Landes El Dorados, des vergoldeten Königs — ein Land, in dem sich am Ufer des heiligen Sees die goldene Stadt erhob.

Die atemberaubende Geschichte von der Zeit der Konquistadoren bis zur heutigen Entdeckung. Möchten Sie dieses Buch weltweit exklusiv vermarkten und die Rechte daran erwerben?

Finanzielle Angebote an Chiffre ..., damit ich in Ruhe weiterarbeiten kann.

Unsere Reaktion war egoistisch: Wir wollten weder dieses Buch weltweit exklusiv vermarkten noch die Rechte daran erwerben. Auch wir wollten nur in Ruhe weiterarbeiten.

Wie schön, dass uns ein anonymer Dichter seine Textprobe zusandte:

Sie versinken in die Welt der Korallen, der in Blumenbeetfarben leuchtenden Fische. Mit geschmeidigen, schlangenartigen Bewegungen gleiten Sie durch die winkligen Höhlen und Nischen bis hin zu der Stelle, wo der gefräßige Rachen des Riffdschungels das Wrack eines gesunkenen Schiffes umschlungen hält ... Sie zwirbeln in das erregende, dunkle Geheimnis des Schiffsbauches, glitschen zielstrebig zu einer uralten, messingbeschlagenen Truhe und entnehmen der bis zum Rand mit Gold und Edelsteinen gefüllten Kiste eine formvollendete, makellose Perlenkette. Eilig schwimmen Sie den Weg zurück, tauchen wieder auf, schnellen in langen Sätzen ans Ufer.

Sie steht neben einem blühenden Hibiskusstrauch. Das blauschwarze Haar fällt schwer auf kupferne Schultern, lockt um den baren Busen bis hinab zur Hüfte. Die großen, feuchten, dunklen Augen flammen in verheißungsvollem Feuer. Sie küssen die stolze Linie ihres zurückgeworfenen Halses, als Sie ihr die Kette umlegen – ihr glutvoller Blick schmilzt zärtlich-verzückt in ihrem. Mit dem Ausdruck eines Verhungernden reißen Sie sie an sich, versinken in den Kelch wunderbarer, aufgeworfener Lippen. Sekundenlang streichen Sie wild-fordernd über die schwellende, duftende Reife ihres seidigen, mit erlesenen Wölbungen ausgestatteten Fleisches ...

Wie gut, dass es Synonymlexika gibt. Wie sonst hätte unser Poet seine erhabenen Erlebnisse so plastisch und überhitzt schildern können. Natürlich sind die Bewegungen nicht nur geschmeidig, nein sie sind auch schlangenartig, und die Höhlen sind natürlich winkelig, und der Rachen ist – wer hätte das gedacht – gefräßig und hält das Wrack umschlungen, und die Perlenkette ist sowohl formvollendet als auch makellos usw. usf. Aber von erlesener Schönheit ist doch die Schilderung der Angebeteten unseres Helden – diesen Erguss kann niemand erfinden, das alles hat der Autor erlebt –, dass nämlich blauschwarzes Haar schwer auf kupferne Schultern fällt und ihre großen, feuchten, dunklen Augen in verheißungsvollem Feuer flammen... Und als wir lasen, dass unser Held uns einlädt, „in langen Sätzen ans Ufer zu schnellen", schnellten wir zum Schreibtisch und formulierten unsere Absage. Und zwar in wenigen dürren Sätzen.

„Die große Hure Babylon"

oder

Gott ist mit uns

„Herrscher des Himmels, erhöre das Lallen – " Diese schöne Zeile eines barocken Textdichters könnte als Motto über den Ausführungen unserer Anbieter religiöser Schriften stehen. Unübersehbar sind sie den großen theologischen Traditionen verpflichtet. Bei einem der Autoren geht die Motivation zur Bußpredigt so weit, dass er nicht ein Werk anbietet, sondern sich darauf versteift, Verlag und Lektorat ihre Sündhaftigkeit vorzuwerfen und Widerruf zu verlangen.

Einer nimmt Anstoß an verbalen Todsünden, dagegen erregen den Anzeigenerstatter konkretere Phänomene. Aber auch ihn treibt eine theologische Frage um: Wie kann es sein, dass es vom Schöpfer („Alleineigentümer des gesamten Weltalls") heißt, er könne uns in Versuchung führen. Offensichtlich eine strafrechtlich relevante Unterstellung der „Vorgesetzten" der katholischen Kirche.

Visionen fehlen nicht. Hieß es bei Augustinus: „Nimm und lies" (tolle lege) – so damals die Stimme aus dem Off –, erhielt die Anbieterin von „3 Blatt din a 4 Versen" ihren himmlischen Anruf mit den Worten: „Nimm und schreib auf." Einer der theologischen Grundfragen, nämlich „Wie konnte/kann Gott das zulassen?", widmete sich ein Autor engagiert. Hier wird das Stilmittel der Reduktion zum Äußersten getrieben, indem der Titel des Buches auf jede seiner Seiten zu drucken ist. Mehr Text ist nicht.

In der Komplexität fasste sich Willi überraschend kurz:

In ungewöhnlicher Form mache ich Ihnen das Angebot, ein Buch herauszubringen mit ungewöhnlichem Inhalt, das der gewöhnlichen Denkveranlagung des Menschen auf ungewöhnliche Weise begegnet, ihr dadurch Rechnung trägt, indem sie diese Vordergründigkeit – um die geht es hier – hintenanstellt und versucht, neue Denkstrukturen aufzubauen, die der Hintergründigkeit der Welt in ihrer Komplexität allein gerecht zu werden vermögen. Weil aber die Wirklichkeit der Welt die
Komplexität in Person und zugleich die allgemein gültige Gesetzlichkeit der Welt ist – einer Welt, die Gott schuf –, kann (und darf) diese Gottesgesetzlichkeit nicht ungestraft mißachtet werden. Ihr ist Rechnung zu tragen ...

Soll ich noch mehr sagen?

Nein, lieber Willi, bitte sagen Sie nicht noch mehr. Ihr Angebot mit ungewöhnlichem Inhalt, uns allen in ungewöhnlicher Form nahegebracht und zudem in ungewöhnlicher Sprache geschrieben – das zu erwähnen, vergaßen Sie – hat uns, die wir im Prinzip eloquent sind, mundfaul gemacht. Egal, wie Sie es interpretieren, wir wollten die Gottesgesetzlichkeit nicht ungestraft missachten. Ihr (der Gottesgesetzlichkeit?) haben wir jedenfalls Rechnung getragen. Und Ihr Werk, das Sie in Ihrem Schreiben als „mehr als nur nobelpreisverdächtig" bezeichnet haben, in seiner Komplexität abgelehnt.

Paul bot verklemmte Erklärungen an:

Werte Damen und Herren,

ich nehme Bezug auf mein/e verschiedenen Schreiben/F. Kopien
etc. und teile Ihnen heute mit, dass ich gegen Vorgesetzte – Oberen – der kath. Kirche Strafantrag/Anzeige gestellt habe.

In dem Gebet „Vater unser ... und führe uns nicht in Versuchung ... etc. unterstellt man dem „Allmächtigen Gott, also dem
„Schöpfer" und „Alleineigentümer des gesamten Weltalls", dass er
uns auch in die Todsünden führt.

Der Versucher ist laut Aussage in der Bibel der Teufel. Außerdem
lassen diese „Oberen" es zu, dass Bordells Peep-Schows, Pornos
etc. etc. etc. fast überall bestehen bzw. gezeigt werden, obwohl
sie genau wissen, dass die „Verantwortlichen" etc. in die Hölle
kommen werden und kein ewiges Leben erhalten.

Dies teile ich Ihnen auch zur Kenntnisnahme mit.
P. S. Ich werde noch weitere Angaben später vorbringen.
Bitte PEN-Club weiterleiten

Schade, hätte Paul uns ein Manuskript über sein juristisches
Vorgehen angeboten und wäre er nicht in Andeutungen
steckengeblieben, wir hätten publiziert. Die „Oberen" der
katholischen Kirche vor dem Kadi: toll! Wir hätten die Ausführungen des Autors auch mit Abbildungen aus Bordellen,
Peep-Shows, Pornos etc. etc. etc. illustriert. Ja, das hätten
wir getan, selbst auf die Gefahr hin, mit den anderen Verantwortlichen in die Hölle zu kommen.

Beglückt lasen wir, was Thomas mitzuteilen hatte:

Wertes Lektorat!

Ich habe Ihnen vor einigen Monaten ein Manuskript unter dem Titel „Wissenschaft gegen Mensch" angeboten. Dieses Offert von mir war zwar noch nicht der Anfang vom Ende der Wissenschaft, aber doch auch nicht das Ende meiner Möglichkeiten.

Ich trage jedenfalls lange genug offene Sinne, fein und robust genug, umher, welche vereint mit Lust und Woge der Begeisterung, die mir und meiner Meinung als Wissenschaftler (?) entgegenschlug, genügend Fruchtbarkeit hergeben, um einer Inspiration die Mutterschaft zu ermöglichen: Weiß Gott, hat mich der Teufel geritten, dass mein Geist die Figur eines „Jesus Christus der II." ausbrütet?

Nun, es schickt sich nicht, eine „ewige Jungfrau" nach dem Vater ihres Kindes zu fragen, welcher als Heiliger oder Sünder, als Gott oder Teufel auch zur Nebensache wird, wenn nur das Kind als Blickfang in voller Blütenpracht erstrahlt.

Kleine Ursache, große Wirkung ist doch das Rezept.

Gott ist allmächtig, das ist bekannt. Deshalb schafft er es auch, im Geist eines Mannes die Figur eines Jesus Christus II. auszubrüten, aber auch, viel erstaunlicher, „... ein Kind als Blickfang in voller Blütenpracht" erstrahlen zu lassen. Obwohl überzeugt, hier neue Einsichten in die Allmacht Gottes gewinnen zu können, ließen wir die Blütenpracht verwelken.

Erich hatte eine besondere Botschaft für uns:

Sehr geehrte Damen und Herren,

hiermit nun biete ich Ihnen, Gott zur Ehre, mein Talent zur Förderung an.

Mein Meister, Johann Wolfgang von Goethe, erkor mich früh zum Schüler sich und mir ward aufgetragen Liebe (Wahrheit) fühlend zu dichten ...
Oft, wie ich gestehe, ist Gott global ...
... so lang einer noch lebt von uns ist Platz für ein Fünkchen Wahrheit, für einen Lichtstrahl, dem gewährt was er begehrt: seinen Auftrag nur zu erfüllen.

Ich bedanke mich herzlich für die Beachtung des Schreibens.

Gott schütze Sie

Die Absage an Erich musste sein, wenngleich sie schmerzte. Zum einen wollte er, dass Gott uns schützt, zum andern erkor Goethe ihn früh zum Schüler sich, wie wir staunend lasen.
Da konnte ja nichts schief gehen. Nur eines machte uns stutzig: Wenn er Gott und Goethe auf seiner Seite weiß, warum bietet er einem Verlag sein Talent zur Förderung an? Gott ist global, unsere Ablehnung war es nicht minder.

Mit Nachdruck klärte uns Max auf:

Ich möchte selbst ein Buch schreiben, bzw. ich habe schon viele Seiten geschrieben. Vorgesehen wurden folgende Titel:

Was_uns_blüht
(Vergangenheit-bis Zukunft)
Oder: Sensationelle Enthüllungen ...

Der Menschheit droht ein Weltprand im Religionenwahn. Die Unruhen werden immer größer und die Abschlachtungen werden beginnen — wie noch nie! Alsdann wird sich die Armada einmischen müssen, was zur Schlacht
„Armagedon"
Und zur totalen Weltkatastrophe führen wird, weil man jetzt noch zu sehr „rebelliert" und keinesfalls logisch denken möchte.
Funk und Fernsehen hüllten sich bisher in Schweigen. Man ließ die Pfaffen einladen und für den Wahn werben.

Werden Sie willig sein oder die kommende Ruinierung vorziehen?

Sinn-Bildliche Darstellung der giftigen Chemikalie „Religion" — genannt auch „Babylon die Große" (weltweite), gemäß der wirklichen Praxis und mit Sitz auf den Köpfen (gleich einer Lebenden, weil sie Jahrtausende überlebte). Dafür sorgte die Pfaffenschaft durch irre Studien und Volksverdummungen im Religionenwahn — beginnend bei den Wilden und alten Babyloniern mit Minigehirnen. _Das_ ist die wahre Sachlage ...

Ich bin die große
Babylon, und ich be-
sitze die Nationen wie
eine Königin! (Offbg. 18, 7)
Die Nationen gehen auf
meinen Strich, und ich habe
sie fortwährend befriedigt - bis
zu Militär- und Waffenbesegnungen
und allerlei Volksverdummungen, um
die Menschen so den Mächtigen als
Kanonenfutter zuzubereiten!

(Offbg. 18, 9-10 und 18, 3)

Frdl. Gruß

Alleine die Zeichnung hätte eine Aufnahme dieser Arbeit
ins Verlagsprogramm zwingend notwendig machen müssen. Auch der Hinweis, im Religionenwahn müsse sich die
Armada einmischen, was zwangsläufig zur Schlacht „Armagedon" führen würde, weil alle Menschen – mit Ausnahme
des Briefeschreibers natürlich – keinesfalls logisch denken
können, das hat schon was. Wir haben trotzdem abgelehnt
und die kommende Ruinierung vorgezogen.

Frank hatte spezielle Vorstellungen:

Ich glaube .das dieses mein Buch ein Weltbestseller wird. Wollen
Sie es bald Heerstellen?
(in Taschenbuch format) Das Bild an der Titelseite meines
Buches ist folgende: Ein Mörder ermordet in gebückter Stellung
mit einem Großem Messer einen Fünf jährigen Jungen der auf
dem Boden liegt. Oben ist der Gott abgebildet der den grau-
samen Mord ruhig zuschaut aber nicht hilft! Der Titel dieses
Buches ist: Gott schaut es zu aber helfen dut er nicht!
...
Inhalt des Taschenbuches: Auf cirka 250 Seiten sind Fotos oder
Kraafiken. Auf jedes Foto oder Kraafik werden Jungen unter zehn
jahren von Mördern Ermordet. (Bitte möglichst Emotsionelle und
Suggestive Mordphotos oder Krafiken. Morde der 250 unter zehn
jährige Jungen in verschiedene Stellungen.
Auf jedes Mordphoto oder Kraafik ist oben der Allmächtige Gott
abgebildet. Und auf jedes der 250 Seiten ist unten gedruckt: Gott
schaut es zu aber helfen dut er nicht!
...
Auf keinen fall darf in diesem Buch ein Mädchen abgebildet
werden!

Welcher Verlag ist nicht an einem Weltbestseller interessiert! Nach langen Diskussionen entschlossen wir uns jedoch zu einer Absage. Der Grund war einleuchtend: Wenn
nur kleine Buben abgebildet sein dürfen, nicht aber Mädchen, hieße es, 18 Prozent der deutschen Bevölkerung zu
diskreditieren. Und dieser Missachtung unserer jungen Leserinnen wollten wir uns nicht schuldig machen. Außerdem
sind Mädchen im Allgemeinen hübscher als Buben.

Renate war hymnisch in ihrem Angebot:

Dieses Jahr, so dachte ich zuerst, war ein ganz besonderes Jahr für mich, dass mir anfangs ziemlich schwarz schien. Es fing an, mit Wohnungswechsel ... Arbeitsaufnahme in einer Firma, wo keiner dem Anderen etwas gönnte ...
Durch ständige Attacken einiger Mitarbeiter wurde ich krank, musste anschließen zur Kur.
Dieser folgte eine Operation an den Venen ... Es folgte die Entlassung aus der Firma. Ich weinte viel, denn alles traf mich sehr hart ... Doch der Glaube an Gott machte mich stark, ließ mich alles ertragen. So erlebte ich eines Tages etwas ganz besonderes, dass ich als eine Vision annahm. Eine innere Stimme sagte: nimm Bleistift und Papier, schreibe auf, was ich dir zu sagen habe. So tat ich dies. Was heraus kam, möchte ich Ihnen als ganz spezielle Werke anbieten.
So dürfte dies eine Bereicherung Ihrer nächsten Auflagen dienen, die von einigen Lesern als ganz spezielle Verse angesehen werden die selbst auf dem Wege der Erleuchtung sind, für den anderen Leser kraftbringend.

Bitte um wohlwollende Prüfung meiner Werke.

Einer unserer verhinderten Poeten hat dargelegt, dass Gott die Schwerkraft ist. Das glauben wir, aber es müsste bewiesen werden. Erwiesen aber ist, das zeigt Renates Brief, dass ER Menschen auffordert, Bleistift und Papier zu nehmen und aufzuschreiben, was ER diktiert.
Die eingereichten ganz speziellen Werke sahen wir allerdings nicht als Bereicherung unserer nächsten Auflagen.

Anton nahm kein Blatt vor den Mund:

Vieles habe ich euch schon weitergegeben, nur zeigt mir eure Stille, daß ihr geistig schon längst gestorben seid und eure herrschsüchtige blinde Seele sich von der Materie verzehren läßt ...

Ihr wißt doch schließlich, daß Schweine nicht nur ihren eigenen Kot fressen, sondern auch den der anderen Schweine, ja sogar fressen sie fast alles materielle, was vor ihren Rüssel kommt ...

Jedes Schwein hat zwar seinen Heiligen Ort, den es auch immer wieder aufsucht, um seinen Urin und Kot abzulassen, sowie die Hure viele Heilige ernannt hat, denen ihr euch zuwendet, um euren Kot und Urin der Absonderung abzulassen ...

Verhaltet euch in Ruhe, ohne Lippengebete, ohne Rosenkränze oder sonstigen Firlefanz. ICH bin immer bei euch ...

Bisher sind viele Kinder oft von der Mutter abgefangen und ge-tröstet worden, und dem Vater wurde nichts erzählt, ja es wurde zwar spaßhalber gesagt, dem Pappi wird nichts erzählt. Damit habt ihr Mütter den Vater als einen furchterregenden und strafen-den Menschen hingestellt. Ihr hirnlosen hochmütigen WEIBER, die ihr in dieser Zeit wie die Männer werden wollt! Wehe über euch alle! ...

Die sagt euch gotterbärmlichen Schweinen auf Erden euer HIMMLISCHER VATER am ...

Im Kapitel, das Gott gewidmet ist, darf eine Bußpredigt im Stil von Abraham a Sancta Clara nicht fehlen. Der hätte gewiss seinen Spaß an Antons Schimpfkanonaden über Schweine und Schweinepriester gehabt. Stutzig hätten den Augustiner-Barfüßer sicher eines gemacht, dass nämlich Lippengebete und Rosenkränze mit sonstigem Firlefanz in einen Topf geworfen werden. Uns aber schreckte dieser Vergleich ab.

Kämpferisch zeigte sich Winfried:

Der allerheiligste Dreieinige GOTT möge Sie alle segnen.

Ich möchte Sie alle eindringlich darauf hinweisen, dass es eine Todsünde gegen den allerheiligsten Dreieinigen GOTT darstellt bzw. ist, wenn Sie Häresien in Ihren Büchern die Sie verlegen vertreten... Bitte widerrufen Sie diese Aussagen bzw. berichtigen Sie diese genannten Textstellen und bereuen und büßen Sie diese sehr schwere GOTTES lästerung! Wenn Sie alle sich nicht bekehren..., werde ich alles in meiner Macht und selbst verständlich mit den hl. 10 Geboten in Einklang stehende und deshalb legale tun, um diese Irrtümer und Häresien zu bekämpfen... Wer Anlaß zur Sünde gibt, für den wäre es besser, daß ein Eselsmühlstein an seinen Hals gehängt und er ins Meer geworfen würde.

Möge der allerheiligste, unendlich gütige und barmherzige Dreieinige GOTT Sie alle erleuchten, zu SICH bekehren und vor der ewigen Verdammnis bewahren.

Amen.

Zuweilen wurden wir im Lektorat nicht nur mit Erhaben-Grenzwertigem zugemüllt, wir wurden auch bedroht und verflucht. Das hat uns natürlich begeistert. In diesem Falle: Wir haben nichts widerrufen, nichts berichtigt, nichts zurückgezogen, und alle erwähnten Bücher wurden weiter verkauft, ohne dass uns allen ein Eselsmühlstein an den Hals gehängt wurde. Schon enttäuschend, irgendwie.

Richtig jubeln konnten wir über Dieters Anschreiben nicht:

Einem Verlag den Entwurf zu einem Buch anbieten.
Von einer Buchhandlung wurde mir Ihr Verlag empfohlen.
Wie kann ich mein Vorhaben am besten über die Bühne bringen?
Ist es opportun, ein Kapitel parallel zur Verfilmung anzubieten?
Wie ist mit dem Urheberrecht zu verfahren?
Von vornherein ist zu berücksichtigen, dass internationale Aspekte
ins Spiel kommen werden.
Sobald ich über Ihre Hinweise verfügen kann, erhalten Sie die
Beschreibung des Inhaltes.

Wir haben uns natürlich über den Hinweis gefreut, eine
Buchhandlung hätte unseren Verlag empfohlen, fingen aber
gleich an zu grübeln, welche Buchhandlung in Deutschland
das wohl gewesen sein mochte. Und dann überwogen nega-
tive Gedanken: Dieter stellt viele Fragen, will viel wissen,
deutet manches an, lässt aber die Katze nicht aus dem Sack.
Das konnte nicht der Beginn einer möglichen wunderbaren
Freundschaft sein. Und das schrieben wir ihm auch.

Egon ließ sich wie folgt vernehmen:

Ich bin 38 Jahre alt, von Beruf Elektriker, und ich habe unter mysteriösen Umständen ein Gedicht geschrieben. Mit der Zeit wurde es immer länger und es umfasst heute schon zirka 1200 vierzeilige Verse.

Nun meine Fragen an Sie:
1.) Würden Sie so ein Büchlein herausgeben bzw. Daran interessiert sein? Wenn ja unter welchen Bedingungen?
2.) Wie groß wäre Ihre erste Auflage (Stückzahl)
3.) Welche rechtlichen und finanziellen Garantien geben Sie dem Autor? Damit meine ich folgendes: Eine Umfrage hat ergeben, das 80% der deutschen, schweizer und österreichischen Menschen einen Christlichen Glauben haben. Dort wo die Bibel ist, in dessen Haus wäre mein Büchlein nicht fehl am Platz.
4.) Die naive Schreibweise kann aber die tiefgründige Wahrheit und Weisheit nicht überschatten. Da aber kein Mensch die Weisheit besitzt, (auch ich nicht) scheint es so als wäre ich von jemandem, welcher die Weisheit hat, inspiriert worden. Nur Gott und Jesus kämen in Frage wie Sie wissen.
5.) Es würde mich auch noch interessieren welcher Glaubensrichtung Ihr Verlag angehört, Zeuge Jehova, Buddhismus, Islam o.a.

Mit der Hoffnung auf meine Fragen Antwort zu bekommen verabschiede ich mich mit freundlichen Grüßen!

PS. Es ist mir klar das praktisch alle unbekannten Autoren auf KNIEN zu jeden Verlag kriechen würden, welcher ihnen verspricht ihr Manuskript durchzulesen. Ich werde nicht kriechen ...

Frage Nr. 5) waren wir gewillt zu beantworten, obgleich wir die Gefahr eines Datenmissbrauchs erahnten. Alle Kollegen legten also ihre Glaubensrichtungen auf den Tisch des Herrn. Da gab es unter uns nun Adventisten und Manichäer, Neulichtfreunde und Sonnenanbeter, Veganer und Naturisten, Mennoniten und Ammoniten, und einer ging im Dionysischen Mysterienkult auf. Wir hätten auch über die naive Schreibweise von Egon hinweggesehen, wenn nicht eine Aussage uns ungläubig und deprimiert auf die Knie gezwungen hätte. Schrieb er doch, dass er zu keinem Verlag kriechen würde... Das ist sein gutes Recht, aber er sollte eines bedenken: Vor allen möglichen Gottheiten rutscht man auf den Knien, warum dann nicht auch vor einem Verleger?

„Die philo-
sophische
Kausalität
im trigono-
mischen
Weltsystem"

oder

Die Menschheit wird gerettet

Weltenretter neigen nicht zur Bescheidenheit. Von der Größe ihres Projekts sind sie überwältigt. Es kommt zu nicht zutreffenden Feststellungen wie: „Ich bin Gott" oder „Ich bin kein Mensch." Hierbei handelt es sich um Einzelfälle. Meist geschieht die Darbietung des Egos diesseitiger, zum Beispiel: das angebotene Werk, würde es nur angenommen werden, „wäre mehr als nur nobelpreisverdächtig".

Weltenretter sind Experten in Endzeitstimmung. Das verwundert nicht, ist es doch gerade der Weltenretter, der über das einzige, jedenfalls das endgültige Rezept für den Ausweg aus der großen Krise verfügt.

Weltenretter verbindet der Nachdruck, mit dem sie Manuskripte anbieten. Es geht ihnen ums Ganze, die Bitte um Vorschuss inbegriffen. Die Texte üben auf den Leser durchgehend einen seltsamen, leicht perversen Reiz aus: den Reiz des Wahnsinns. Wie es im Mittelalter auf den Straßen ausgesehen haben mag – Erleuchtete, Veitstänzer, Krüppel, Gesundbeter, Erlöser aller Art –, das Potpourri in den Köpfen der Manuskriptanbieter erinnert an diese alten Zeiten. Unseren Erlösern haftet daher etwas Altmodisches an. Jedoch wird eine gewisse Modernität im Ausdruck keineswegs verschmäht: „Klar, schonungslos und damit ekelerregend" soll die Abrechnung mit der Gegenwart erfolgen und der Leser wird aufgefordert, „wenigstens Bruchteile vom Sinn dieses Manuskripts in sich hineinzuwürgen!"

Albert holte sehr weit aus:

Die philosophische Kausalität im trigonomischen Weltsystem gefunden. Das Wesen der Elektronen im elektronischen Feld und ihre Strahlungen.
Das Universum ein ewiges Perpetuum mobile in der Einheit von Anfang und Ende wie das Leben im Spektrum der Arten zwischen Geburt, Tod und Wiedergeburt mit der Seele als Trägerin des Schicksals im Sinne von Lohn und Sühne.
Daraus gezogen die trigonomische Wirtschafts- und Staatsphilosophie im Fluß der Macht ...

(Nur zu Händen des Chefs's der Firma, da vertraulich)
Ich möchte etwas erreichen und darum wende ich mich an die unteren Schichten des Volkes, weil dort die Macht zuhause ist. Das Buch ist ein viel zu großer Brocken, sodaß Sie nur (mein sehr verehrter Herr Verleger) postlagernd mit mir in Verbindung bleiben können. Bearbeiten Sie die Angelegenheit bitte privat, nicht in der Firma. Der Stil des Manuskripts kann von jedermann verstanden werden.

Mit der Trigonometrie haben wir uns in der Schulzeit abplagen müssen, und die trigonometrischen Funktionen haben viele nie begriffen. Sei's drum! Albert hat aber das trigonomische System gefunden (was viele auch nicht begreifen werden) sowie das ewige Perpetuum mobile im Weltall (drunter tut er's nicht) und will sich nun an die unteren Schichten des Volkes wenden, weil dort die Macht zu Hause sei. Das zeigt, dass Albert noch nie etwas von Herrn Ackermann und der Deutschen Bank gehört hat. Abgelehnt!

Hubert erklärte kurz und bündig:

Ich habe in einer umfassenden, wissenschaftlichen Arbeit die seit Urzeiten und auch heute noch bestehenden Fragen und Probleme der Menschheit beantwortet und gelöst.

Auch die bisher bestehenden, sehr dürftigen Kenntnisse über die Atome -und ihre Verbindungen- habe ich in einer vollkommenen, lückenlosen Darstellung und Klarstellung einem allgemeinen Verständnis zugeführt ...

Es ist mir nicht möglich, in diesem gewollt kurzen Brief alle Einzelheiten aufzuführen. Es handelt sich um das wichtigste, bedeutungsvollste Werk, das jemals geschrieben wurde und künftig geschrieben werden kann. Eine möglichst schnelle Publikation ist deshalb erforderlich!

Diesen Brief von Hubert wollen wir unkommentiert stehen lassen. Zu banal wären unsere Gedanken im Angesicht des wichtigsten Werks, das jemals geschrieben wurde und vor allem: künftig geschrieben werden kann. Und da die Menschheit schon von anderen Eingeweihten gerettet wurde/werden kann/wird etc., konnten wir Huberts Leistung erst einmal vergessen.

Folgende Botschaft erreichte uns von Berthold:

Ich bin kein Mensch. Ich kenne die Weltformel und verstehe sie.
Ich weiß alles. Ich weiß, wie die Welt entstanden ist, was sie ist,
wieso sie existiert, und wie alles endet. Ich kann Naturgesetze
ändern. Ich kann alle erwähnten Schwierigkeiten vereinfachen
(Ich kenne Lösungen für alle der erwähnten Schwierigkeiten).
Ich habe eine völlig neue Physik (alles, was in den Lehrbüchern
geschrieben steht, ist falsch), eine neue Evolutionstheorie erschaffen, ein neues Gesellschaftssystem entwickelt, den Idealismus wei-
tergeführt und vieles mehr ...

Jetzt entscheidet es sich, ob die Menschen zu einer kulturellen
Evolution fähig sind oder aussterben. Falls Sie an einem Überleben der Menschen interessiert sind (mir ist es gleich, da ich ja
nicht betroffen bin), müssten Sie sich mit meinen Schriften auseinandersetzen. Entscheiden, ob meine Theorien wahr oder falsch
sind, können Sie nicht, da Sie ja nichts verstehen können. Aber
falls Sie einen riesigen Kulturschock auf sich nehmen wollen ...

Diesen Text habe ich vor einem Jahr an verschiedene Autoritä-
ten und Gruppen geschickt. Zur Untermalung flog am selben Tag,
an dem ich die Briefe absendete, das Kernkraftwerk in Tscherno-
byl in die luft ...

Keiner hat geantwortet. Es gibt also keinen Menschen, der sich
ein Überleben der Menschheit wünscht. .

Berthold schrieb uns Sätze wie Granaten, die uns erschütterten und zutiefst verunsicherten. Wie sollten wir ihm antworten, wie ihm sprachlich auf Augenhöhe begegnen? Da er doch kein Mensch ist. Da er die Weltformel kennt und alles weiß. Aber dass wir sein Geschwurbel ablehnen würden, das wusste er offensichtlich nicht. 1:0 für uns!

Wow! Henriettes Brief lasen wir sehr gern:

An die ganze Menschheit

Staat – Kirchen u. s. w.

Auszüge aus Botschaften empfangen durch NN

Gorbatschow ist über alles im Bilde, was sich zwischen den russischen Kosmonauten und ihren ausserirdischen „Kollegen" während ihrer Raumfahrtversuche und Aufenthalte in den Raumstationen abgespielt hat. Er nimmt auch die Botschaft von ausserirdischer Seite sehr ernst und weiss auch, was bevorsteht.
…

Betrifft: Rettungsaktion

Frage: Wie wird sich bei der Rettungsaktion das Militär, bzw. die Polizei verhalten?

Antwort: Die Rettungskugeln können nicht angegriffen werden, ebensowenig wird eine Behinderung der Rettungswilligen möglich sein. Im übrigen werden eure sogen. Ordnungskräfte alle Hände voll zu tun haben, um die zunächst nur im geringen Masse auftretenden Schäden an euren Versorgungsleitungen aller Art zu beheben. Die grossen Rettungsschiffe am Himmel werden zudem die eindeutig höhere Sprache einer Ordnungsmacht sprechen, so dass alle „Irdischen" Bemühungen in dieser Hinsicht nichtig sein werden.

Amen.

„Geschwister der Terra, wir besuchen euch seit Jahrtausenden mit unseren Raumschiffen und beobachten mit Bedauern eure Entwicklung.

Wenn wir nicht eure Betreuung übernommen hätten, dann wäret ihr längst das Opfer einer satanischen Zerstörungswut geworden und von eurem Planeten wären heute nur noch Trümmer übrig...

Durch die Opfertat eines Gottmenschen, zu dessen Diener wir uns zählen dürfen, wurde der Wille des Verführers durchkreuzt und seine Rückkehr in die universelle Lebensgemeinschaft vorbereitet...

Aktuelle Botschaft:

Wir befinden uns mit unseren Rettungsschiffen in erhöhter Bereitschaft...

Obwohl die Entfernung zur Erde etwa 400 Millionen Kilometer beträgt, ist ihre Überbrückung in wenigen Sekunden möglich durch die Anwendung der Dematerialisationstechnik...

Eure Evakuierung wird voraussichtlich sechs Wochen dauern. Während dieser Zeit erfährt der ganze Planet eine Umwandlung grössten Ausmasses, sodass ihr auf eine neue Erde zurückkehren werdet.

Wir bitten euch, nehmt unsere Hilfe an, so ungewöhnlich sie auch für euch erscheinen mag. Wir erwarten euch mit Freuden!"

Die Auszüge aus Botschaften, die Henriette empfangen hat, machen nachdenklich. Sie bieten einerseits ein Programm für Jung und Alt, dürften aber andererseits mit der eschatologischen Drohung sanfte Gemüter abschrecken. Jedoch gemach: Und wenn man glaubt, es geht nicht mehr, kommt irgendwo ein Lichtlein her. In diesem speziellen Fall sind das 1. Gorbatschow, der über alles im Bilde ist. 2. Die Rettungskugeln können nicht angegriffen werden und 3. Die Rückkehr in die universelle Lebensgemeinschaft wird vorbereitet. Und noch eins: Wir werden mit Freuden erwartet. Da kann ja nichts schief gehen. Und deshalb brauchen wir auch das Buch nicht, das uns Henriette anbot.

Rolf ließ uns Folgendes wissen:

Verehrte Verlagsdirektion!

Das ich nicht der Einzige bin der versucht ein oder mehrere Bücher auf den Markt zu bringen, ist mir verständlich. Auch, wenn es um ein delikates „ja fundiertes pharapsychiologisches Wissen, dass die Thematik als Hilfsmassnahme dienen soll. Um eben diese zukünftige Ideologie in einen Buch wirksam werden soll. Seine 27 Kapiteln zirka 350 Seiten. Wenn nötig eventuelle Veränderungen möglich. Es umfasst die grenzenlose Schöpfungsmaterie UFO/s, die Zukunft, beziehungsweise den Untergang der herrschenten Zivilisation unsw. Also auch Auflösung des Kommunismusses, der bereits in meiner Prophezeiung inbegriffen ist. Und erst sein „Schatten" angegriffen ist. Da der Kampf zirka 8 Jahre anhalten wird. Evakuierung von UFO/s zu den uns zugeteilten Planeten. Wunder, Erscheinungen und natürlich Kritik an den Regierungen sowie der Kirche und der Revolution. "Ein Werk-„ das zu der heutigen Zeit mit Absicht mir insperiert wurde.
...
Weiters schreibe ich an einen Roman "Atlantis ruft" könnte auch ein Drehbuch werden. Habe bereits 60 Seiten und glaube an die 250−300.

Sollten Sie hieraus etwas wollen, so ersuche ich Sie dies mir mitzuteilen. In voraus für eine Antwort, bedankt sich herzlichst

Zuweilen muss man neiderfüllt feststellen: den/die hat die Muse geküsst. Der Brief von Rolf lässt nur einen Schluss zu: Er wurde von mehreren Musen geküsst, allerdings an den falschen Stellen. Jedenfalls konnten wir seine Wünsche oder gar die der Menschen nicht unterbringen und haben ihn deshalb an einen sichereren Verlag verwiesen. Die Kollegen dort sollten auch etwas erfahren dürfen von der grenzenlosen Schöpfungsmaterie, vom Untergang der „herrschenten Zivilisation usw". Vor allem sollten sie sich einrichten, irgendwann „vor UFO/s zu den uns zugeteilten Planeten" evakuiert zu werden. Dort würden wir alle dann auch sein Buch herausbringen.

Keine Geschmacklosigkeit ließ Ferdinand aus:

Vor uns liegt ein Zeitalter des Endkampfs, die Menschen werden sich in blutigen Auseinandersetzungen um Luft, Wasser und einen Stehplatz gegenseitig massakrieren.

Das vorgelegte Manuskript ist der verzweifelte Versuch, vielleicht doch noch ein radikales Umdenken in Gang zu setzen, indem man die uns heute bekannten Tatsachen klar, schonungslos und damit ekelerregend darstellt: es ist ein verkapptes Rechenbuch, die wissenschaftlich fundierte Hochrechnung auf eine Zukunft, wie sie uns blüht, wenn wir weiter alle Warnzeichen ignorieren. Die Statistiken werden zu stinkigem, eiterndem und verpestetem Leben erweckt. Noch zuckende Halbtote und geduldige, bleiche Leichen werden zerfleddert, das Ganze in eine Geschichte verpackt, in dieser Form sind Menschen bereit wenigstens den Versuch zu machen, den Inhalt geistig zu verkonsumieren.
...
Versuchen Sie wenigstens, Bruchteile vom Sinn dieses Manuskripts in sich hineinzuwürgen!
Schlucken oder erbrechen Sie, aber beschäftigen Sie sich mit dem Inhalt!

P.S. Sie weigern sich? Sie haben mit dem Problem der Überbevölkerung nichts zu tun, weil Sie Lesbe oder Homosexueller sind? Gut, Sie sind von der Lektüre befreit, Ihre Leistung für die Menschheit haben Sie durch den Verzicht auf Fortpflanzung erbracht.

Damit das klar ist: Wir, die Herausgeber, sind weder Lesben noch Homosexuelle. Was wir bedauern. Und obwohl wir den Verzicht auf Fortpflanzung nicht erbracht haben (das wäre ja noch schöner!), fühlen wir uns von der Lektüre dieses unappetitlichen Elaborats befreit.

Im Gegenteil: Wir sehen uns als zuckende Halbtote, die bald zerfleddert werden, sind aber doch gewillt, uns womöglich gegenseitig um einen Stehplatz zu massakrieren.

Damit auch das klar ist: Bei all diesen Aktivitäten konnten wir uns Ferdinands Manuskript natürlich nicht widmen.

Schließlich erreichten uns auch die Bekenntnisse von Doris:

Einerseits ist es dringend notwendig zu sagen, dass die Menschheit nicht überleben kann, wenn wir so weiter machen. Auch ohne ABC-Waffen kann die Menschheit so nicht überleben.

...

Die Rettung ist in uns, in unserer Natur.

...

Warum sollte ein Verlag interessiert sein? Nun, weil das was ich biete sicherlich neu ist und auf verschiedenste Weise veröffentlicht werden kann — als Methode wende ich auch Zynismus an.

...

Vielleicht ist kein Verlag bereit ein so grosses Risiko auf sich zu nehmen. Dann würde ich erwägen, auf viel sanfteren Touren mich zu bewegen. Zum Thema „Mann und Frau" habe ich auch Neues zu sagen — und sogar viel und Tiefgehendes. Zum Beispiel ist es gut für den Mann — und auch für die Frau! — wenn der Mann mehrere Frauen liebt. Auf das Wie kommt es an. Und unter Umständen ist es auch gut, wenn die Frau mehrere Männer liebt. Auf das Wie kommt es an.

...

Wenn ich das Thema klar habe — also weiss, dass ein Verlag auf die Bearbeitung gerade dieses Themas wartet — dann kann ich im Tag acht (8) Seiten eng beschreiben. Und da ich mich mehr und mehr präzisiere, kann ich auf hundert Seiten sehr viel aussagen. Aber schon mit zehn Seiten kann ich eine Welle der Empörung auslösen. Wenn ich das recht sehe, kann das einem Verlag nur willkommen sein.

Oder nicht?

In ihrem langen Brief, den wir wegen Überlänge nicht in seiner Gänze hier darstellen können, faszinierte uns Doris mit der These, Quatsch: dem Axiom: „Wenn ein Kreis zum Viereck gemacht wird, dann ist es eben ein Viereck und kein Kreis mehr." Nachdem wir diese stupende Erkenntnis verinnerlicht hatten, waren wir eigentlich geneigt, Doris' Ausführungen wohlwollender zu begutachten, aber als wir lasen, dass die Rettung der Welt in uns sei, da mussten wir uns eingestehen, dass in uns Teilnehmern der Lektoratsrunde die Rettung nicht ist. Und schon wurden wir auch bei den anderen Ausführungen skeptisch. Mit einer Ausnahme:

„Zum Beispiel ist es gut für den Mann – und auch für die Frau! – wenn der Mann mehrere Frauen liebt. Auf das Wie kommt es an." Wohl wahr, aber auch beim Bücherschreiben kommt es auf das Wie an. Daher abgelehnt.

„Gott ist die Schwer-kraft"

oder

Endgültige Wahrheiten

Die Flut der angebotenen, aber nicht verlegten Bücher wird kräftig gespeist von den Verfassern endgültiger Wahrheiten. Deren Ego ist ähnlich aufgebaut wie das der Menschheitsretter, allerdings tritt der Welterklärer als Person – bescheidener als der Weltenretter – hinter die Sache zurück, nicht „Ich bin Gott" heißt es hier, sondern eben: „Gott ist die Schwerkraft."

Wer sich als Autor noch nicht als vollkommen empfindet, nimmt den Kampf mit seiner Schwäche auf: „Ich habe extra längere Zeit in einer Kiste gelebt, um die Intelligenz auf engstem Raum voll herauszufordern." Eine Selbstpräsentation ohne jeden Dünkel.

Wer endgültige Wahrheiten verkünden kann, hat sich an den Rätseln der Welt abgearbeitet. Methodisch, wie der Welterklärer ist, teilt er auch den Ursprung seiner Erkenntnis mit: „Das Phänomen habe ich entdeckt, als ich des Abends spazierenging, und der Mond parallel zu mir immer mit mir auf gleicher Höhe war!"

Ein politisch orientierter Leser wird Aufklärung über den Berliner Staatsschutz und die Terroristen erhalten, immer eingebettet in die großen Fragen, wie „Leben wir überhaupt auf der Erde? Bin ich mit einem festen Punkt im All verbunden, ein Raumschiff?" Und schließlich, nicht überraschend, die Frage aller Fragen: „Werde ich manipuliert (ferngesteuert)?"

Begeistert waren wir von Christophs Brief, weil er uns zeigte, dass wir schlichtweg nichts wissen.

Als wesentlich Neues enthält dieses Buch die Lösung des größten Weltätsels, des letzten philosophischen Problems. Es löst die Dualität von Geist und Materie auf. Sowohl geisteswissenschaftlich (philosophisch und mathematisch) als auch naturwissenschaftlich (physikalisch) wird der gemeinsame Ursprung von Geist und Materie, das Nichts, erklärt, bewiesen und beschrieben, wobei die entsprechenden wissenschaftlichen Beweise sich im Anhang befinden. Das Nichts ist mehr als gar nichts. Die Zahl Null als Repräsentant des Nichts ist mehr als gar nichts, nämlich immer noch Zahl. Der Raum zwischen den Sonnen ist leer und ist es doch nicht. Die Einheit von Geist und Materie erlaubt die Beschreibung der Entstehungs- und Entwicklungsgeschichte Gottes und die Erklärung der Schöpfung der Materie aus dem Nichts, was wiederum Einsicht in das Wirken Gottes und in die Aufgabe des Menschen ermöglicht ...

Das Buch umfaßt etwa 300 (Taschenbuch-) Seiten. Meine finanzielle Situation erlaubt es mir leider nicht, auch nur einen geringfügigen Unkostenbeitrag leisten zu können.

Der Brief von Christoph, Physiker, Philosoph und Autor, ist ein Hammer. Bescheiden kündigt er an, sein Buch enthalte als wesentlich Neues die Lösung des größten Weltätsels. Und erlaube die Beschreibung der Entwicklungsgeschichte Gottes. Da fühlten wir uns schlicht überfordert. Und so verwiesen wir den Philosophen und Autor an den Vatikan.

Einen Brief hielten wir in Ehren, weil er den längsten Weg zurückgelegt hatte. Er kam aus: Ayyappankuzhi, Kerala.

Im Jahre 1988 war im deutschen TV eine Kurzsendung über einen Mr. Desai, früherer Minister – der nun bald seinen 96. Geburtstag feiern wird – welcher täglich 1 Glas eigenen Urins trinkt ...
Durch ein Geschenk von einer Ordensschwester kam ich wieder mit dieser wunderbaren Sache in Kontakt und zwar mit dem Buch: The water of life: (und ich bin sicher, dass mir unsere Mutter Maria durch eine ihrer Helferinnen dieses Buch zugespielt hat! Ich hatte beim Verlassen der BRD satte 97 kg auf der Waage und Bluthochdruck, ebenso Nierenbeschwerden waren vorhanden. – Ich las das Buch + begann mit einer 3 Wochentherapie. Morgens, mittags + abends je 1 Glas (0,05 ltr), dann Mundreinigen mit Zähneputzen! Außerdem jeden Abend Urinwaschungen, mit, im abdeckbaren Plastikeimer angesammelten Urin. Dann ebenfalls Reinigung, wie auch den Fußboden des Bades ...
Urin eines gesunden Menschen hat goldene Farbe + ist klar! Bei Krankheiten wird der Urin milchigtrüb, oder bei Herzbeschwerden wie wässerig!

Nun lassen Sie bitte was hören! Freundliche Grüße + Wünsche für Ihre Gesundheit!

Diese Zeilen haben uns tief bewegt. Und da viele Kollegen auch satte kg auf der Waage hatten – die meisten von uns hatten wohl keine Nieren-, dafür mehr Leberbeschwerden –, diskutierten wir ausführlich und kontrovers unsere Trinkgewohnheiten. Am Ende entschieden wir uns für die goldene Farbe eines Pfälzer Frühburgunders und schickten eine Absage ins ferne Indien.

Leo machte uns mit seinem Brief wirklich neugierig.

Sehr geehrter Herr Doktor,

Es handelt sich keineswegs um theologische Literatur, sondern um handfeste, chemisch begründete, den Stand der Technik korrekt wiedergebende und im einzelnen belegte Fakten der Wissenschaft, die tatsächlich die Begründung für die Ursachen des sauren Regens, die dynamische Balance des Lebens im Gegensatz zum Einbahnstraßendenken von Wachstum und daraus abgeleitet die exakte Interpretation für das was Krebs genannt wird, enthält.
Es war mir klar, dass auf den
Punkt 1 „Baumlos in die Zukunft"
Punkt 2 „Das Ende unserer Zukunft"
Punkt 3 „Widerstand ist Bürgerpflicht"
keine durch Glauben begleitete Phraseologie die Fortsetzung dieses Programms sein konnte, sondern nur Fakten zählen. Und die werden geboten!

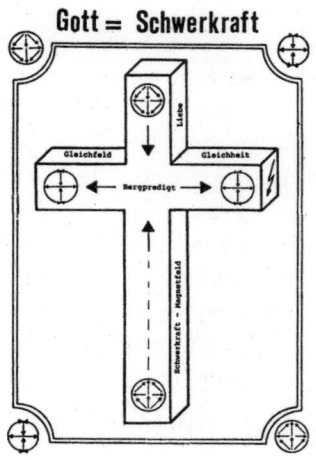

Nach unbestrittenem, anerkanntem, internationalem Wissens- und Sachstand gilt als richtig, dass auf unserem „Erdball" nichts ohne DIE WIRKUNG DER SCHWERKRAFT abläuft.

Die Wirkung der Schwerkraft ist grenzüberschreitend, überall gültig und wirksam und steht daher jedermann zur Verfügung, wie in der Bergpredigt angekündigt und beschrieben (Matth. 5–7).
. . .
Sie sind auf die Schwerkraft verpflichtet.
. . .
Das aus der Erkenntnis der Anwendung der Schwerkraft resultierende know how, welches sich in drei technischen Verfahren

a) Ammoniakkondensator
b) Traubenzuckerlampe
c) Knallgasdynamo

niedergeschlagen hat, bin ich bereit, im Interesse der Gemeinschaft in Verhandlungen einzubringen und auf meine individuellen Rechte nach Übereinkunft der Gemeinschaft, soweit dies erforderlich wird, zu verzichten.

Leo erfreute uns mit theologisch-naturwissenschaftlichen Ausführungen. Wir hielten nach Erhalt seines Briefs sofort intensive Bibelstunden ab, schrieb er doch: „Die Schwerkraft ist grenzüberschreitend ... Bergpredigt angekündigt ...".
Wir lasen in der Heiligen Schrift nach der deutschen Übersetzung Dr. Martin Luthers, fanden in den drei Kapiteln viel Wissens- und Beachtenswertes, leider aber nichts über die Schwerkraft. Die hatte Jesus von Nazareth einfach vergessen. Daraufhin vergaßen wir Leos Angebot.

Bestürzende Erkenntnisse vermittelte Marcus:

Betrifft: Ihr Fehldruck

Sehr geehrte Herren,
es sei Ihnen zur Kenntnis gebracht, dass ich ein Sachbuch geschrieben habe, jedoch keinen Verlag finde, der Druck, Anfertigung und Vertrieb übernehmen würde. Das Buch heißt: „Das Werden der Erde und der Menschheit Ende – Der Mechanismus des All's"

...

Gelehrte, die mein Buch gelesen haben, machten mir Komplimente, andere schwiegen und kauften nicht. Trotzdem dass ich kein zünftiger Wissenschaftler bin, anerkennt man mich, ich hatte Erfolge, doch gab ich auf, und das gerade vor einigen Jahren, trotzdem ich in Ägypten und in Südamerika war und die örtlichen Rätsel, die man noch nicht zu ergründen vermochte, in deren Ablauf und der Ursache – klären konnte.

Meine Hindernisse gründen nicht nur bei Ihnen, auch die neuesten Lexikas irritieren mit dem Hinweis, dass unser Mond nicht zur Erde kommt, sondern dort bleibt, wo er kreist, oder ins All hinaus wandert. Das ist ein Unsinn. Erst unlängst meldete „der Spiegel" – der Mars hat einen weißen Fleck, einen Klatsch; ist aber ein Mondniederbruch, photografisch aufgenommen vom Orbiter-Himmelsspion. Dieser Fleck wird als Felsen benannt. Man ist sich der Sache nicht ganz sicher, aber Lügen haben kurze Beine. Vor einen Monaten war der Mars noch in eine rote Wolke gehüllt, zudem wusste man von 2 Trabanten des Mars. Wenn es sich bewahrheitet, dass der Deimos nur vorhanden ist, der Nachlaufende, dann muß Phoebos der schnellere, der den Mars in seiner Umdrehung überholt hat, niedergebrochen sein.

Damit ist es Wahrheit geworden: Monde kommen den Planeten zu und vergrößern sie. Darum geht es bei meiner Schrift, die man in S-Amerika mit Begeisterung aufgegriffen hat, denn alle anstehende Rätsel um die Inkavölker sind entlarvt, und vieles Andere mehr. Auch hat man gemessen, das Luna alle 100 Jahre, der Erde vorläuft und schneller wird. Dieser Mond wird einst die Erde einholen, synchronlaufen und niederbrechen. Und das will man nicht wahrhaben.

Mit besten Grüßen zur Aufdeckung einer Ente.

Ja, das soll vorkommen: Manche Gelehrte lesen Bücher und machen den Autoren Komplimente, andere kaufen keine Bücher und schweigen. Das ist eine Frechheit, hat man die Gefährdung unser aller Leben vor Augen, weil doch Luna alle 100 Jahre die Erde einholen, synchronlaufen und niederbrechen wird. Das aber will man nicht wahrhaben. Aber eigentlich hätte dieser Vorgang schon häufiger (alle 100 Jahre!) in der Geschichte unseres Planeten geschehen müssen. Und was war? Es ist schon ein Kreuz mit den Freunden der Apokalypse. Sie denken nicht bis zum Ende. Wenn der Mond auf die Erde plumpst, vergrößert sich zwar die Masse der Erde um die Masse des Mondes, aber sie ist auch zerstört. Deshalb wollten wir einfach nicht mehr darüber lesen. Und deshalb haben wir dem Autor auch keine Komplimente gemacht.

Lutz schrieb uns einen tollen Brief mit nicht minder tollem Inhalt:

Betr. Mein neues Manuskript

Titel: Die einzige, glaubwürdige praktische Auferstehung!
Ein Sachbuch, mit ca 300 Seiten für 30,– DM.

Ich möchte Ihnen Kurzfristig mein Manuskript zur Durchsicht und zum baldigen ungekürzten Druck anbieten. Wenn Sie tatsächlich eine rege Interesse haben sollten, bitte ich Sie, mir das umgehend mitzuteilen. Falls sie auch ein „volles" Programm haben sollten, sollte mein neues buch wegen seiner hochaktuellen unpolitischen und verständlichen Aktualität für die Massen einen unbedingten Vorrang erhalten.!! Es ist einfach gew-chrieben, aber schockierend und voller Wahrheiten, auch sind sie unbequem und voller unbedingter Veröffentlichungen zum Wohle des gesamten gerade deutschen Volkes. Dessen Augen leider bis heute noch nicht geöffnet worden sind.

Mit dazu praktischen gut zu realisierenden Lösungen in der Praxis, die allein wichtig und entscheidend ist.!

Falls Sie mir nicht innerhalb einer Woche geantwortet haben sollten, muß ich mich leider an einen anderen renommierten Verlag wenden. Ich denke zunächst an eine erste Auflage von 50 000 Exemplaren.

Lutz hat uns in Eile geschrieben, das sieht man, hat kurzfristig sein Manuskript zum baldigen Druck angeboten und uns als Frist zur Entscheidung eine Woche eingeräumt. Das fanden wir im Prinzip großzügig, aber andere renommierte Verlage sollten sich auch mit dem Text wegen „seiner hochaktuellen unpolitischen und verständlichen Aktualität" für die Massen (vor allem für die) beschäftigen. Also sagten wir ab. Das war die beste zu realisierende Lösung in der Praxis.

**Als begeisterte Schachspieler waren wir von Uwes Brief
natürlich angetan. Allerdings nur kurzfristig.**

*Da ich es mit einem sensationellen Phänomen zu tun habe, daß
noch völlig unerforscht ist, und ich außerdem sensationelles erlebt, erforscht und recherchiert habe, möchte ich darüber einen
Bestseller schreiben, und den mit Ihrer Hilfe veröffentlichen!*

*Statt eines Manuskript schildere ich Ihnen kurz die Themen, die
ich in dem Tatsachenbericht behandel!*
Thema 1) das Phänomen
*2) meine Hinnweise an den Berliner Staatsschutz vor einer Terro-
ristenbefreiung, sowie meine persönliche Begegnung mit den
Terroristen ...*
*4) mein Erlebnis mit einem Unsichtbarkeitsexperiment (in West-
berlin)*
5) jemand ist der Zeit vorraus (welcher Machtblock)
6) die Feststellung, dass das Schachspiel pogrammiert wird ...
*8) wer sind die Doppelgänger? Leben wir in einem Spiegelbil-
systhem der Erde? alles existiert dreimal?*
*Das ist nur ein grober Auszug auß der Palette die ich Ihnen anzu-
bieten habe! Es würde mich freuen, wenn Sie zu einer flexiblen
Zusammenarbeit bereit wären ...*

Wir waren uns bei der Erörterung dieses Schreibens nicht
einig: Sollen wir das Unsichtbarkeitsexperiment auch beim
Autor und seinem Werk anwenden oder sollen wir wie ge-
wöhnlich flexibel sein? Natürlich hätten wir gerne bei der
„Feststellung der Geburtsdatenformel (die Daten enthalten
den Todestag bei richtiger Lösung, der Lösungsfaktor liegt in
der Zukunft, bei dem Machtblock, der der Zeit vorraus ist)"
mitgewirkt, aber dann bekamen wir es mit der Angst zu tun.

70

Hilmar sandte uns imponierenden Unsinn:

Habe ein Buch von 286 Seiten geschrieben, in dem vor allem die kosmische Wahrheit enthalten ist, von der wir Menschen dieser Erde noch so wenig wissen. Von Raum, Zeit und Energie.

Leseprobe: 1. Die Engel kamen von jenseits der Sterne, weit jenseits der großen interkosm. Dunkelzone, innerhalb der unser Universum existiert. 2. Der Urknall zerfetzte die superlative Lichtkugel aus kernaktiver Sonnenenergie und unser Universum entstand in Raum und Zeit, vor vielen Milliarden Jahren. Woher aber kam ALLES, die unzählig vielen Sonnen und Welten. Kam die sonnenaktive Ur-Energiemasse aus den jenseitigen Tiefen des All's heran gerast, aus einem jenseitigen und überdimensionalen Universum des Lichtes. Ein lebensaktiver Lichtbote aus den zeitlosen Fernen der Ewigkeit.
Der Titel meines Buches lautet: "Die höhere Macht im All"
Möchte durch meine Buch auf die eigentlichen Wahrheiten des Lebens hinweisen, welche ganz anders sind, als wie unsere Schulweisheit es sich träumen lässt.

Es ist gefährlich, mit einem Shakespeare-Zitat punkten zu wollen. Wenn es falsch ist, wird der begutachtende Lektor auch bei den anderen Ausführungen skeptisch. Das Folgende aber hat doch was: Die Engel „kamen von jenseits der Sterne" (sic!), und die Ur-Energiemasse kam „aus den jenseitigen Tiefen des All's heran gerast". Hätte Hilmar bewiesen, dass Engel und Ur-Energiemasse identisch sind, dann wären wir ihm wohlwollend gesinnt gewesen. Aber so?

Eine Dame mit dem fürstlichen Namen Alexandra schrieb uns Wegweisendes:

Sehr verehrter Herr Cheflektor (oder -lektorin),

Bezüglich der Ankündigung und Bitte um Vorschusszahlung und Veröffentlichungsrecht schreibe ich Ihnen diesen Brief.

...

An Hand von Perestroika gab ich Michail Gorbatschow ein gutes feed back über seinen enorm starken Realitätssinn. Ich bin überzeugt, dass ich insbesondere dadurch sein großes Vertrauen erworben hatte. Ich erkläre Ihnen warum.

...

Wieso sind die Grundlagentheorien des Nervensystems falsch, das ja aber der Mediator zur Biochemie und Genetik der Zelle ist? Das Verhalten der Eltern wechselwirkt über die Sinnessensoren mit der Chemie der Zelle. Die Neurowissenschaftler aber haben genau diese entscheidende treibende Kraft, die Energie oder Quanten, die auf die Sinnessensoren auffällt und dann umgewandelt wird (wie bei Solarzellen), diese treibende Kraft ist in der Grundlagentheorie bis zur Bedeutungslosigkeit vernachlässigt worden, die mit den Experimenten nie bewiesen worden sind.

...

Seien Sie sich also bewußt, daß mein Buch revolutionär ist und auch im positiven Sinne einschneidend sein wird. Mein Buch ist aber nicht nur aufzeigend. Nicht umsonst haben mich doch die großen Staatsmänner begleitet. Es soll und wird auch politische Konsequenzen haben. Hier in der BRD hat Helmut Schmidt wahrlich darauf geachtet, mir alles aufzuzeigen, was verschwinden muß!

...

Es wird, so nannte Egon Bahr das Buch, ein Geschichtsbuch besonderer Art. Warum ist der Airbus abgefeuert worden? Ich weiß, warum. Vor allen Dingen, weiß ich auch, wer daran hauptsächlich beteiligt war.

Anscheinend besitzte ich besondere Kräfte.

Wir schätzen Egon Bahr sehr. Auch Helmut Schmidts Gedanken waren uns immer willkommen. Aber dass er, der „wahrlich darauf geachtet" hat, der (verhinderten) Autorin „aufzuzeigen, was verschwinden muß", es versäumte, diesen Schreibversuch verschwinden zu lassen, das verblüffte uns. Aber wir haben das dann für ihn erledigt.

Gernot haute ganz schön auf den Putz!

Betrifft: GENESIS 2000

Die neue Weltbild-Theorie
Die GENESIS 2000 ist das neue, moderne, globale,
philosophisch-naturwissenschaftsliche   Welt-
bild: Keine science-fiction-Vision, auch nicht
unbedingt spekulativ, sondern logisch, physika-
lisch/supraphysikalisch/und mathematisch richtig, sehr im Sinne von Kants Phoronomie-Dynamik
und der speziellen und allgemeinen Relativitäts-
theorie-, nur bestimmter.

Die GENESIS 2000 umfaßt:
1. Das   supraphysikalische   Medium   RAUM/end-
   lich-unendliche/Seine Ausdehnung und Formel:
   TRIPLEX - RELATION/Gleichung   der   idealen
   Geraden...
5. GOTTBILD/das endgültige, glaubwürdige/, DIE
   IDEE: Darin die Gesetze: Die sittlichen- und
   Naturgesetze usw.../
6. DER KREISLAUF: Gott/die Idee/das Gesetz,
   die Metamorphose/Evolution/, Leben, Bestie-
   Mensch, Gott-Mensch, Urknall./Genesis/!/

Obwohl wir uns schon früh – spätestens seit der Pubertät –
intensiv auf die Erforschung von Körperbewegungen einge-
lassen, dabei auch die Phoronomie-Dynamik Kants in Kauf
genommen haben, mussten wir Gernot absagen. Wir wollten
uns mit der Zeitdilatation nicht abgeben, hatten wir doch mit
unserer körperlichen Dilatation schon genug am Hals.

Mit dieser knappen Notiz verblüffte uns Helga:

Bankkonto: Kto-Nr.:   Volksbank:

Ich sende Ihnen eine Schrift zu und bitte Sie, diese als kleines Heft: weißes, festes Papier und mittelgrüner Druck, Größe: ¼ von DIN A4 zu drucken. Vorschlag: Verkaufspreis: 5,– DM

Mit freundlichem Gruß
1 Anlage

Die Wahrheit über das Universum
Im Weltraum hat sich Astralenergie gebildet und sich zu Astralkraft verdichtet. Diese Astralkraft hat das Universum = die Natur geschaffen.
Die fein- und grobstoffliche Materie, aus der die Natur besteht, ist hochgradig gefährlich. Die Lebewesen hätten nur so wenig, wie nötig von der Natur auswählen sollen, nur das Lebensnotwen-
dige. Die Menschen haben aus ihrem Leben ein primitives Gesellschaftsspiel gemacht.

Ist das nicht süß, was Helga da geschrieben hat? Oder ist sie nur einfältig? Jedenfalls weiß sie, dass sowohl die fein- als auch die grobstoffliche Materie hochgradig gefährlich ist. Das ist doch schon was. Wir wussten das nämlich nicht. Jedenfalls waren wir sehr angetan und planten eine Pracht-
ausgabe im Schmuckschuber, mittelgrüner Druck auf hand-
geschöpftem Bütten mit Astralbindung. Dann wären die Ver-
käufe exorbitant gewesen und die Dame hätte gleich was auf ihrem Konto bei der Volksbank gehabt. Aber wie so oft ließ sich das Projekt nicht kalkulieren.

Diese Offerte von Waldemar war eine Schuhnummer zu groß für uns:

Betr. Angebot eines Manuskriptes mit dem Titel „Siehe, ich komme …"

Mit dieser Offerte wird Ihnen die Chance geboten, in den Besitz eines Jahrhundertwerkes zu gelangen, das ohnesgleichen ist.

In diesem Buch stellt sich der Autor als neuer Weltenlehrer und Tabubrecher vor, oder besser – als die Inkarnation Gottes.
...
Der Autor ist ein Freigeist, mit einem sehr bewegten Leben. Er war in vielen Berufen tätig, zur Zeit neben seiner schriftstellerischen Tätigkeit Hausmeister.
...
Das Buch behandelt alle stets aktuellen Themen, mit denen die Menschheit ständig konfrontiert ist. Was morgen oder in ferner Zukunft geschieht, ist hier bereits festgehalten. Es werden keinerlei Institutionen, Politiker oder Parteien weder ausgespart noch verschont. Furchtlos wird einer heuchlerischen Gesellschaft sowie Organisationen die Maske vom Gesicht gerissen.

Hier geschieht auch zum ersten Male, daß eine Weltenlehre vor ihrer Verkündigung niedergeschrieben wurde. Außerdem sind in diesem Werk angeführte Prophezeiungen bereits eingetroffen, wobei das tägliche Weltgeschehen meine Versionen täglich neu bestätigen. Kurz gesagt: Dieses Werk ist nicht nur als brandheißer Bestseller zu verstehen, sondern auch als zeitloses Werk, an dem sich die Gemüter erhitzen werden.

Christoph stellte sich als Physiker, Philosoph und Autor vor (s. S. 62), dieser Möchtegernautor, Waldemar, geht noch einen Schritt weiter: Er ist der neue Weltenlehrer, besser: die Inkarnation Gottes. Nur weiß er nicht, dass er in dieser Hinsicht nur einer unter vielen ist. Er ist aber auch Hausmeister. Dass er sich nicht als Facility Manager vorstellte, machte ihn uns fast sympathisch. Da er in seinem Werk die Verlogenheit aller Religionen betont, um so der Menschheit neue Hoffnung zu geben, waren wir gefangen in Ehrfurcht und schwiegen. Und nahmen es hin, nicht in den Besitz eines Jahrhundertwerks zu gelangen.

Randolf verblüffte uns. Und das will viel heißen.

Hiermit möchte ich Ihnen mein Buch

RELIGION 2000

Mit dem Untertitel: Die Hetros auf dem Friedhof anbieten.

...

Da die Russen nun mal die besten Schachspieler der Welt sind, kann man sie auch nur durch einen entsprechenden richtigen Zug im richtigen Augenblick, und dieser Augenblick ist gekommen, überzeugen!

...

Mein Buch setzt sich ferner für die Wohnungslosen in der Bundesrepublik ein, denen jetzt wieder ein harter Winter bevorsteht; und um diese Menschen hat sich bis heute noch keiner gekümmert und für die Wohnungslosen hat auch noch keiner gekämpft. Es kämpft insbesondere für die AIDS-Kranken und baut Vorurteile bezüglich der Homosexualität und der Prostitution ab. Außerdem begründet es logisch, sachlich und wissenschaftlich die Gleichberechtigung der Frau und kämpft für die Arbeitslosen.

...

250 Seiten spannend geschrieben in 4 Kapiteln, beginnend mit einer äußerst harten Sartire, die den dreckigen Charakter sämtlicher Parteien aufdeckt. Es ist eine Sartire, die einem unter die Haut geht. Das Zweite Kapitel ist eine spannende, wehmütige Geschichte, die einem ans Herz geht. Im Dritten Kapitel finden Sie ein logisch, aber spannendes aufgebautes Sachbuch, in sich aufgeteilt in drei Phasen, teilweise in Romanstil, teils in Prosa geschrieben. Ich habe extra längere Zeit in einer Kiste gelebt, um die Intelligenz auf engem Raum voll herauszufordern und zu intensivieren und bin dabei zu völlig neuen Erkenntnissen gekommen.

Das Buch hat ein Vorwort und ein Nachwort und ist zweizeilig geschrieben, wie dieser Brief, damit Sie sich beim Lesen nicht die Augen verderben.

Die Hetros (Heteros?) sind auf dem Friedhof, sagt Randolf. Alle? Das sollte hinterfragt werden. Wir waren in unserem Entscheidungsprozess hin- und hergeworfen, denn zum einen eine äußerst harte Sartire, zum anderen eine spannende, gleichzeitig aber auch wehmütige Geschichte, ein Buch mit Vor- wie auch Nachwort, so etwas findet man nicht alle Tage auf dem Schreibtisch. Und dann auch noch augenfreundlich geschrieben! Das ging ans Herz, und so wurden wir bei unserer Absage wehmütig.

Edgar war, wie zumeist, verblasen:

Liebe Damen und Herren,

bei dem in der Beilage näher angekündigten 329-seitigen Manuskript, das als „abgeklärtes Konzentrat" aus zwanzigtausend Arbeitsblättern hervorgegangen ist, handelt es sich um eine in zweieinhalb Jahrzehnten ausgereifte, heute leicht lesbare Vorlage.

Es werden anfangs aus visionären Hypostasen abgeleitete und später in prinzipielle Neuigkeiten untergliederte besondere Informationen, die das verschlüsselte Wesen und den einzigartigen Sinngehalt des kosmischen Todesphänomens exakt einzuordnen und definitiv zu enträtseln geholfen haben, gleichsam unlösbar mit zeitlosen Aussagen über den Ursprung des Lebens und über die Wurzeln des Geistes verbunden, die nachvollziehbar die Immortalität des Seelenpsychons begründen und wiederum mit einigen sehr frühen Vorstellungen der Menschheit über allgemeine Schicksalswege übereinstimmen.

Denken Sie bitte bei Ihrer Vorentscheidung daran, dass eine derart abgehärtete Lebensarbeit außer an sich selbst keinerlei Ansprüche stellt.

PS. Das Sachbuch strahlt prosaische Ruhe aus; die sorgfältig gewählte Sprache pflegt sein Anliegen, und kein Bruch entstellt die stets angemessene Bewegtheit seines Aufbaus.

Bei diesem elitären Machwerk fiel uns die Absage leicht. Und zwar aus drei Gründen. Erstens: Wenn ein Sachbuch poetische Ruhe ausstrahlt, ist es stinklangweilig. Zweitens: Wenn Informationen aus visionären Hypostasen abgeleitet werden, sollte man sich sofort leiblichen Ekstasen hingeben. Drittes: Wenn dieselben Informationen die Immortalität des Seelenpsychons begründen, muss man die Publikation dieser Phantastereien zu verhindern trachten. Und zwar zu Lebzeiten.

„Die Sekre-
tärin eines
bedeuten-
den Engels"

oder

Jenseitsgespräche

Menschen, die unmittelbare Jenseitskontakte pflegen, sind schon statistisch gesehen eine Minderheit innerhalb der großen Gruppe der religiösen Traditionalisten (vgl. Kapitel 2). Ihre Texte weisen einen starken Innerlichkeitsbezug auf, sie sind weniger durch die Sprachspiele der Amtskirche geprägt.

Eigentlich sprechen die Autoren gar nicht selbst, sondern „Es" spricht aus ihnen, „Es" offenbart sich durch sie. Wer mit einem Engel auf Du und Du steht, handelt sozusagen auf eigene Faust, ohne den Katechismus zu respektieren, der herkömmlich derartige Kontakte regelt. Intime persönliche Verbindungen zum überirdischen Personal und Inventar schon zu Lebzeiten sind der Lohn für solche Regelverletzungen.

Auch das Jenseits benötigt jedoch eine funktionierende Administration. Gut möglich, dass aus der Sekretärin bereits eine persönliche Assistentin oder gar Büroleiterin geworden ist.

Von Antje wurden uns die Augen geöffnet:

Beiliegende Botschaft habe ich heute am … auf medialer Weise der automatischen Handschrift aus dem Jenseits übermittelt erhalten Ich bitte Sie diese Offenbarung der Menschheit zukommen zulassen ebenso dem Vatikan Papst Johannes Paul II in ROM den Bischöfen und Priestern sowie den Politikern aller Nationen den öffentlichen Heimen, dem Katastrophenschutz. Lassen Sie sich über mich aufklären was der Menschheit nun bevorsteht, Es ist keine Zeit mehr zu verlieren und besinnen Sie sich auf das Gesetz der Freiheit und der Menschenwürde auf die Gesundheit und das Leben Gerne stehe ich Ihnen Jederzeit aufklärend zur Seite.

Freundliche Grüße eine Vermittlerin zwischen Himmel und Erde

Aus der hohen Offenbarung
Meine guten Erdenkinder.
…

Dem Einzelnen von Euch rufe ich zum Sturm und Bittgebet auf.
Stellt das Kraftfeld her über das ich Euch begegnen möchte, …
Vater Jesus

Amen

Die automatische Handschrift aus dem Jenseits hat uns selbstverständlich neugierig gemacht. Wer will nicht dazulernen? Aber dass Antje uns als Botenjungen missbrauchen wollte – wem alles wir diese Offenbarung hätten zukommen lassen sollen –, das hat uns gekränkt. Öffentliche Heime, na gut, geheime Heime indes, die wären doch allemal attraktiver. Und das haben wir ihr deutlich klargemacht.

Auch Sonja hatte ganz spezielle Beziehungen:

Für mein 3. Buch, liegt im Konzept überarbeitet und durch viele weitere Seiten ergänzt vor, suche ich einen Verlag, der sich für das z. Zt. brisanteste Buch „Jenseitsgespräche, Beweise aus der anderen Welt, endlich die Wahrheit," voll und ganz einsetzt.

Als Jenseitsforscherin, Schreibmedium u.v.m. möchte ich mich bei Ihnen vorstellen und darf behaupten, erstmalig überhaupt einen Einblick ins Jenseits zu geben, worüber bisher stets nur Vermutungen angestellt wurden...

Kleriker, Professoren, Wissenschaftler, Ärzte usw. geben sich bei mir die Klinke in die Hand und immer wieder höre ich, daß die Menschheit umdenken muß wegen der Falschlehren der Kirchen, die ich in meinem Buch beweise.

Sonja schrieben wir, dass wir zu elitär seien, um uns mit dem gemeinen Volk – Kleriker, Professoren, Wissenschaftler, Ärzte usw. – gemein zu machen. Und abgesehen davon: Die Falschlehren der Kirchen sind auch uns bekannt, also dürfte ihr „brisantestes" Buch uns wohl kaum mehr überraschen.

Ilse informierte uns über ihre beglückenden Kontakte:

Heute bin ich also dran, Ihnen ein Manuskript vorzulegen.
...
Ich bin die Sekretärin eines bedeutenden Engels, der schon in der Bibel wiederzufinden ist. der schon vor Christi Geburt seine Weisheit dem Volke mitteilte. Es hat mich bei der Offenbarung genau dieser Tatsache sicher genauso getroffen, wie es Sie jetzt trifft. — In der Zwischenzeit haben wir zusammen drei Bücher geschrieben. Diese Bücher sind für das Jetzt bestimmt.

Ich als Sekretärin möchte nicht in Erscheinung treten, da es so ist, daß das Buch der Bücher mich miteinbezieht, was Sie nach dem Lesen des Buches sich neugierig auf mich macht. Ich stehe aber schon in dèr Öffentlichkeit und habe einfach nicht die Lust, mich als etwas hinzustellen, was ich einmal war, aber jetzt nur im Inneren bin.
...
Ich habe Sie angeschrieben, weil ich weiß, daß Sie schon etliche Bücher mit weniger konzentriertem Wissen verlegt haben und damit erfolgreich sind.
...

Mit freundlichem Gruß
die Sekretärin

Um einmal ganz ehrlich zu sein: Ilse hat glücklicherweise nicht geschrieben, dass sie (drauf und) dran wäre, uns ihr Manuskript vorzulesen. Denn da wäre was auf uns zugekommen. So blieben wir zu ihr in ehrfurchtsvoller Distanz. Obwohl das Lesen ihres himmlischen Manuskripts uns natürlich neugierig auf sie gemacht hätte. Aber ob sie im Gespräch mit uns den richtigen Ton getroffen hätte, wo sie uns im Brief doch bittere Vorwürfe machte, schon etliche Bücher mit weniger konzentriertem Wissen verlegt zu haben, das sei dahingestellt. Ilse weiß zwar, wie man mit Engeln verkehrt, aber wie man sich Lektoren, diese göttlichen Wesen, gefügig macht ...

Ganz klein fühlten wir uns bei der Lektüre dieser Bekenntnisse von Hartmut:

Ich hatte im Jahr 1980 folgende Christuserscheinung im Traum:

Ich sah mich selbst als modernen Jesus Christus, Christuserscheinung ungekreuzigt, im Traum ohne Kreuzigungsmerkmale in strahlend weißem Gewand im Raum in der Luft stehen, von Sonnenstrahlen umgeben, in Überlebensgröße, etwa 7 Meter groß ... idealisiert, wunderschön. Diese Christuserscheinung ist ein Symbol, Abbild, Zeichen, Vorbild meiner sehr guten christlichen Seele und sollte für alle Menschen, männlich und weiblich, ein Vorbild sein. Das weiße Gewand war weiß wie der Schnee wie das strahlend weiße Licht, einteilig, wunderschön und einfach, ohne Falten und Gürtel. Diese Christuserscheinung symbolisiert meinen Glauben an Gott, meine Hoffnung und die Hoffnung der Menschen, dass die Seele der Menschen gleich nach dem Tod von Gott in der Welt Gottes neu erschaffen wird zu ewigem Leben, ewiger Liebe, ewigem Glück, Allwissenheit wie Gott. Ich hatte einen sehr freundlichen, sehr christlich freundlichen Blick und sah sehr gescheit, intelligent aus, mit großem Kopf und schöner, ziemlich hoher, relativ steiler, gerader schön gewölbter Stirn.

Haupttitel meines Buches: Meine neue christliche Weltreligion, mein neuer moderner wissenschaftlicher Glauben an Gott, den Gott der Liebe, vieler guter Religionen. Autor: ich, der moderne Prophet Gottes, des Gottes der Liebe, ungekreuzigt, der moderne, wissenschaftliche Jesus Christus, ungekreuzigt, der moderne Christus, Messias, die moderne Stimme Gottes, Sprecher Gottes

Hartmut ist kein Sekretär eines bedeutenden Engels, ist auch kein Vermittler zwischen Himmel und Erde, und als Schreibmedium kommt er auch nicht in Frage. Wie könnte er auch, wo er doch ein moderner Jesus Christus ist, allerdings ohne Kreuzigungsmerkmale. So jedenfalls sieht er sich. Wir sahen ihn ähnlich, aber weil ein Autor mit einer Körpergröße von etwa 7 Metern die Dimensionen unseres Verlagshauses gesprengt hätte, mussten wir ihm absagen. Schweren Herzens.

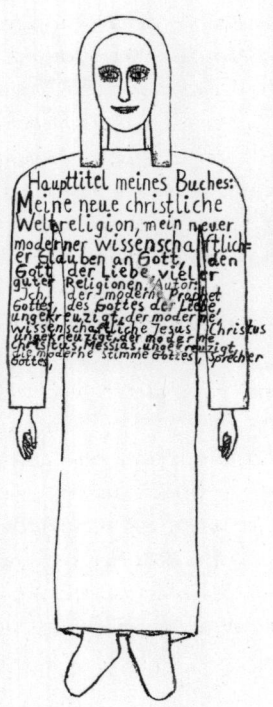

„Es ist wahrlich nicht leicht, mein Werk genau ein- zuordnen"

oder

Preziosen, schwer zu fassen

Hier vier Schmuckstücke, die als Solitäre gelten können, wenn sie auch Motive aufnehmen, die in den vorherigen bzw. folgenden Kapiteln bereits präsentiert sind.

Die Idee, dasselbe Buch unter verschiedenen Titeln mehrmals zu veröffentlichen, scheint direkt dem Hirn eines berufsmäßigen Schnorrers entsprungen. Die sprachliche Opulenz der Präsentation dagegen und ihr „tiefschürfender" Inhalt weisen über schlichtes Schmarotzertum hinaus.

Im angebotenen großen Gottes-Roman sind Elemente des 1. und des 4. Kapitels verknüpft, angereichert durch Marx und Hitler als „die berühmtesten Persönlichkeiten der Menschheit".

Dieses Angebot entzog sich der Einordnung in ein anderes Kapitel ebenso wie – wegen seiner klaren historischen Orientierung – der Beitrag aus dem Kibbuz, wenn auch dessen Zuordnung zum letzten Kapitel nahelag.

Ein faszinierendes Schreiben von Manfred wurde uns zugestellt:

Hiermit möchte ich Ihnen mein Buchmanuskript mit dem Titel „Der letzte paradiesische Evolutionsschritt!" zur Veröffentlichung lizenzmäßig anbieten. Könnten Sie mir dazu Ihren speziellen Vertragsvordruck zusenden, damit ich Ihre Bedingungen in Ruhe studieren kann? Dabei würde mich interessieren, ob Sie mir 10% des Ladenpreises zubilligen würden, da das Konzipieren und Schreiben dieses Werkes sehr schwierig war und das Wissen meines ganzen Lebens in Anspruch nahm.

Kann das gleiche Werk bei Ihnen unter verschiedenen Titeln nacheinander herausgegeben werden, falls der optimale Erfolg anfangs ausbleibt? In welchem Zeitraum nach der Vertragsunterzeichnung wird dieses Werk auf dem öffentlichen Markt erhältlich sein?

Es ist wahrlich nicht leicht, mein Werk genau einzuordnen. Ich würde es als Synthese zwischen Sachbuch und Belletristik bezeichnen, welches in einem teils romanhaft interessant geschriebenen, relativ leicht lesbaren Stil verfasst wurde.

Zum Thema hat es teils den Aufbau, die technischen Erfolge und die totalen Katastrophen einer Parallelwelt im Rückblick und vor allem die ursächliche Überwindung der dauernden Unvollkommenheit ihrer Gesellschaftsstruktur durch sehr menschenähnliche Wesen dieser Welt, die der unserigen Welt um Jahrhunderte, vielleicht sogar Jahrtausende überlegen ist.

Dabei mussten natürlich vorab intensive, sehr tiefschürfende Überlegungen des Autors erfolgen, damit dieses Werk wirklich zu einer adäquaten Urproblemlösung findet, womit dieses Werk seinen Sinngehalt begründet. Eine Wiederholung eines solchen

Urwerkes ist von Seiten des Autors nicht mehr möglich, weshalb größtes Interesse an einem optimalen Inhaltsschutz und an einer optimalen Vermarktung auf lizenzmäßiger Basis besteht.

Ich bedanke mich im voraus für Ihre Entgegnung.

Hochachtungsvoll

Beim Brief von Manfred haben wir uns gefreut: endlich mal jemand, der in Ruhe unsere Bedingungen studieren will, der sich Gedanken macht, ob dasselbe Manuskript mit verschiedenen Titeln herausgegeben werden kann. Also ein Profi am Werk! Jemand, der intensive, sehr tiefschürfenden Überlegungen anstellt! Aber über was? Über menschenähnliche Wesen einer Parallelwelt. Nein danke! Wir kennen schon genügend menschenähnliche Wesen in unserer Welt.

Peter aus Israel war einer der eifrigsten Schreiber:

Sehr geehrter Verlag!

Ich bestätige hiermit den Einlauf Ihrer Postkarte, meine Korres-
pondenz hiermit auf ewig beendigt: abgeschlossen für ewig. Da
die Befreiungskriege unseres gemeinsamen G-burts sind unsere ge-
meinsame Geschichte gleich den französischen, russischen, ameri-
kanischen Revolutionen – angesichts der Gefahr des Verlustes der
nationalen Unabhängigkeit durch Deutschlands hasserfüllten tra-
ditionellen Erbfeind Frankreich. Da unsere Freiheitskriege, wo
Deutschlands Juden seit 1813 als Kriegsfreiwillige mitkämpften um
das Franzosenjoch zu brechen, gleich den heldenhaften spani-
schen Guerillas, 1808/1813, gegen französische Plünderungen,
Brandstiftungen und Massenvergewaltigungen, gleich in Deutsch-
land, wo die französischen rollenden Bordelle ekelhafte Ge-
schlechtskrankheiten einschleppen wie in Spanien ... [Und so
geht es seitenlang weiter.]

Die Briefe von Peter aus einem Kibbuz waren von man-
chen Kollegen begehrt. Es waren die Briefmarkensammler.
Und Peter schrieb durchschnittlich einmal im Monat über
die Plünderungen und Massenvergewaltigungen durch die
Franzosen. Aber wie schon gesagt: Die Philatelisten unter
uns freuten sich.

SEHR GEEHRTER 4.8.44

VERLAG! ICH BESTÄTIGE
HIERMIT DEN EINLAUF IHRER
POSTKARTE, MEINE KORRES-
PONDENZ HIERMIT AUF EWIG
BEENDIGT = ABGESCHLOSSEN FÜR
EWIG: DA DIE BEFREIUNGS=
KRIEGE UNSERES GEMEINSAMEN
GEBURTS SIND UNSERE GEMEIN-
=SAME GESCHICHTE-GLEICH DEN
FRANZÖSISCHEN, RUSSISCHEN, AMERIKANISCHEN
REVOLUTIONEN-ANGESICHTS DER GEFAHR
DES VERLUSTES DER NATIONALEN
UNABHÄNGIGKEIT DURCH DEUTSCHLANDS
HASSERFÜLLTEN, TRADITIONELLEN ERBFEIND
FRANKREICH-EINSTUND JETZT! DA UNSERE BEFREIUNGS=
KRIEGE, WO DEUTSCHLANDS JUDEN SEIT 1873 ALS KRIEGS=
FREIWILLIGE MITKÄMPFTEN UM DAS FRANZOSENJOCH ZU
BRECHEN, GLEICH DEN HELDENHAFTEN SPANISCHEN
GUERILLAS, 1808/1813, GEGEN FRANZÖSISCHE! PLÜNDERUNG
BRANDSTIFTUNGEN, VON MASSEN-VERGEWALTIGUNGEN, GLEICH
IN DEUTSCHLAND WO DIE FRANZÖSISCHEN ROLLENDEN BORDELLE
EKELHAFTE GESCHLECHTSKRANKHEITEN EINSCHLEPPTEN-WIE
IN SPANIEN, WO DIE GANZE GRANDE ARMEE DURCH GESCHLECHTS=
KRANKHEIT KAMPFUNFÄHIG WURDE-ICH, ZIONIST HABE GENUG VON DEN
LANDESVERRÄTERN AN MEINEM GEBURTS-LAND; VON NATIONALISTISCHEN
DENKEN SICH FREIMACHEN"HEISST, NATIONAL BEWUSSTSEIN HEISST SICH WIE
WITZE UND OLLE KAMESEN WIE DIE KEIN VATERLAND KENNEN, DAS
DEUTSCHLAND HEISST, KURT KRAISPIEN, GAREIS, BULLER JAHN,
SEBASTIAN HAFFNER, ALLES QUISLINGE AN DEUTSCHLAND! FINK

95

Und dann schrieb uns einer, der sich als Schwarzer Engel vorstellte:

Gute Dichtermenschen und liebe Lesefreunde.

Mein Romanmanuskript „Die Hinrichtung Gottes" biete ich den Verlag in form einer Inhaltsangabe an, anstelle umfangreicher, aufwendiger und kostenspieliger M.S. ziehe ich eine kurze, aussagekräftige Inhaltsangabe vor, was auch im Sinne des Verlages liegen müsste, der dadurch Zeit, Aufwand einspart im falle einer Ablehnung. Sollte ein „ernsthaftes, aussichtsreiches" Interesses des Verlages an meinem M.S. vorliegen, bitte ich um benachrichtigung, zur Zusendung meines M.S., für eine evtl. Veröffentlichung.

Mit zartfühlenden Grüßen
Schwarzer Engel

Boah, ey, das war ja voll krass, was der Schwarze Engel da von sich gab, echt ätzend: Jesus, Marx und Hitler, die drei berühmtesten Persönlichkeiten der Menschheit! Also, das fanden wir überhaupt nicht cool. Und das haben wir ihm mit Grüßen, die alles andere waren als zartfühlend, mitgeteilt.

Aus der Inhaltsangabe:

Die Verstorbenen Universalgenies der Mensch-
heitsgeschichte treffen sich in der Weite des
Universums. Sie beschließen aufgrund des Unend-
lichen Leids, das seit anbeginn die Menschheit
Geißelt, aber auch den Sinn und Zweck nach Gott
- die Hinrichtung Gottes. Gemeinsam entsprin-
gen sie ihren Särgen und entschweben den Sphä-
ren des Universums, schreiten sodann geschlossen auf ihre alte Heimat, der Mutter Erde zu.

Dort halten sie eine Art Feme-Gericht über
Gott, wobei die drei berühmtesten Persönlich-
keiten der Menschheit die Geschworenen bilden
- Jesus, Marx und Hitler. Gott erscheint auf der
Anklagebank als Unsichtbares Wesen…
Gott wird dazu verdammt in den Menschlichen
Körper zu schlüpfen…
Doch Gott versagt als Mensch - Gott tötet,
stehlt, bricht die Ehe, versagt in den übrigen
Geboten…
Es wird beschlossen Gott hinzurichten. … Wäh-
rend Gott auf allen vieren vor seinem Kind Jesus
und all den anderen um sein ewiges Leben fleht,
verlautet das Gericht, dass Gott eines Menschen
nicht würdig ist - und so, Gott dazu verdammt
wird, wieder Gott zu sein.

So kehren die Genies der Menschheit in die Weite
des Universums zurück.

Auch diese Preziose beschäftigte uns sehr. Julia schickte sie:

S.geehrt.H.Cheflektor!

1) *Blatt 1/enerviert geschmiert*
2) *Blatt 2/Poems, 26*
3) *Blatt 3/Poems, 22*
4) *Blatt 4/Unendl. Postgeschichte*
5) *Blatt 5/" 4 S., „Verse"*
6) *Blatt 6/Poems, 9*
7) *Blatt 7/sprich sprichwörtlich 14 S.*
8) *Blatt 8/„*

Evtl.div.Glossen

Mehrere DIN-A4-Seiten, prall gefüllt mit abwegigen Gedanken, überflüssigen Sätzen und verschrobenen Andeutungen, manche auch gereimt, mehrmals im Monat zugeschickt, also, da mussten wir passen. Auch weil das angebotene Material nicht ins Verlagsprogramm passte. Wir reagierten auch nicht auf Julias Angebote, obgleich wir, das sei gestanden, gern Näheres über ein Bidet in Begonien erfahren hätten. Ein Bidet, gefüllt mit Begonien, das kannten wir, das stand bei uns allen im Wohnzimmer. Das brachte uns nicht ins Grübeln. Und doch blieb eines im Dunkel: Wollte die Autorin vielleicht über ein Bidet in Patagonien schreiben? Eine Frage, die leider nie beantwortet wurde.

Aus Julias Angebot:

Badseller
Wahnsinnlich versiges Lach- und Schwachbuch
Oder zT in ANTHOLOGIE

Zugabe: „München leuchtet", „feiern in Bayern
2 Täblesets, hitzefest, selbstgebappt, falls
(hftl) mehr gebraucht werden, DM 4.—statt je
7,- im Laden.

2 Anlagen (nachreichen könnte ich „Bidet in
Begonien", 1990 neu geschliffen, muß lesen,
kopieren, 94 S.)

Quergedacht ...
Umzuggeschädigtes Möbel Quetschkommode
Braut mit Vergangenheit Erfahrungsschatz
Killer im Sexrausch Liebestöter
Klatsch um Adam und Eva Ur-kunde

„Mein Konto bei der Kreis- sparkasse Hannover"

oder

Schnorrer

Schnorrer sind auf das schnelle Geld konzentriert, wobei die Inhalte ihrer Angebote sehr stark variieren. Der Kranke fleht, der Obszöne übertreibt, und einer sagt gar nichts.

Immer wieder geht es um Millionen; da hebt sich positiv ab, wer trotz Vollglatze für Berichte zur Verfügung steht und wer für 1000 Seiten Handgeschriebenes erst mal nur etwas Geld für Kaffee und Tabak will. Das bevorzugte Stilmittel des Schnorrers ist der Superlativ. Sein Werk preist er als den Erfolgsbringer schlechthin.

Der Schnorrer wird von Erfolgsphantasien gejagt, die sich in teils schlichten, teils verwirrten, immer superlativisch aufgeladenen Angeboten niederschlagen. Die landen auf dem Schreibtisch des Lektors. Da auch der Lektor bisweilen von Millionen-Phantasien heimgesucht wird, muss er nein sagen.

**Ein kurzer Brief wie der von Harald wurde gern entgegen-
genommen:**

Sehr geehrte Damen und Herren,

*ich suche einen Verlag, der ein Buch veröffentlichen möchte, was
mit Sicherheit w e l t w e i t gelesen wird und Ihnen Millionen
einbringen kann. Über den Inhalt des Buches sage ich nichts, be-
vor ich eine Bestätigung Ihres Interesses sowie ein attraktives Angebot erhalten habe.*

Mit freundlichem Gruß

„Der arme Poet" ist ein Meisterwerk von Spitzweg. Heut-
zutage wollen junge Poeten nicht arm bleiben, was man
verstehen kann, und so schreiben sie Bücher, für die sie
ein attraktives Angebot erwarten. Dass Harald auch dem
Verlag Millionen in Aussicht stellte, hat uns direkt dankbar gestimmt. Das war's aber auch. Wir haben ihm den Erhalt des Briefes bestätigt, mehr aber auch nicht.

Und dann schrieb uns Matthias:

Hiermit bitte ich Sie höflichst den beiliegenden Text zu veröffentlichen. Es handelt sich hier um die größte Entdeckung des Jahrhunderts, wenn nicht Jahrtausends. Diese Entdeckung kann Millionen Menschen das Leben retten, Millionen Menschen die Freiheit schenken und Millionen Menschen von lebenslänglicher Sklaverei befreien. Ausserdem kann sie alle Wissenschaften revolutionieren und mir in meiner ausweglosen, hoffnungslosen und katastrophalen Situation helfen. Schließlich geht es hierbei auch um Demokratie und Menschenrechte.

Ich bitte Sie höflichst, schreiben Sie mir, ob es möglich wäre, meinen Text zu veröffentlichen. Ich wäre Ihnen sehr dankbar dafür.

Wir müssen zugeben: Ab und an waren wir trotz guten Willens unfähig, den Bittsteller zu befriedigen. Da schreibt ein junger Mann, er habe die größte Entdeckung des Jahrhunderts gemacht... usw..., die ihm aus einer katastrophalen Situation helfen kann. Wohlgemerkt: nicht hilft, nicht geholfen hat, nein, nur helfen kann. Seine großartige Entdeckung scheint wohl doch nicht so wirkungsvoll gewesen zu sein. Demokratie hin, Menschenrechte her. Wir jedenfalls entschieden demokratisch, uns das Recht einzuräumen, den Text nicht zu veröffentlichen.

Die Zuschrift eines literarischen (?) Agenten erfreute uns:

Da Sie uns die Gründe Ihrer Entscheidung in Ihrem Brief vom 05.02... nicht mitgeteilt haben, wurde hier der Versuch einer Ursachen-Analyse unternommen. Es wird vermutet, daß jene Passagen der Stories, in denen Sechs und Erotik thematisiert werden, von den Autoren nicht pikant genug gestaltet wurden. Ich bin daher gerne bereit, bei den Autoren zu intervenieren, um diese zu einer angemessenen Überarbeitung der Stories im angezeigten Sinne zu bewegen. So könnte eine neue Verhandlungs-Plattform zwischen Ihrem Hause und uns geschaffen werden. Am Beispiel:

Das matte
„... Schließlich nahm sie sein müdes Glied in beide Hände. Wie ein Kind seine Lieblingspuppe, so liebkoste sie es ..." könnte ersetzt werden durch
„... kaum riß sie ihm gierig den Reißverschluß auf, da schnellte sein mächtiger Kolben wie von einer Stahlfeder getrieben empor ... Schon ließ sie ihre geschickte Zunge darauf Polka tanzen ..."

Sind wir damit wieder miteinander im Gespräch?!

Nach Erhalt dieses Schreibens unternahmen wir sofort eine Ursachen-Analyse, wie ein Mann von Sechs schreiben kann, wenn er seinen mächtigen Kolben wie von einer Stahlfeder emporschnellen lässt. Oder haben wir da was falsch verstanden? Ist er vielmehr Maschinenbauer? Da er aber die Zunge einer Dame auf diesem Kolben (Lötkolben? Sechskanteisen?) Polka tanzen lässt, ist die Zungentänzerin vielleicht ein Azubi des Dipl. Ing.? Eines war klar: Da wir nie im Gespräch gewesen waren, konnte es auch keine Fortsetzung geben.

Verblüfft lasen wir diese Postkarte:

Ich habe seit 20 Jahren mit kreisrundem Haarausfall zu tun. Ich habe heute eine Vollglatze. Stehe aber gerne für Berichte und Buchveröffentlichung mit Foto zur Verfügung. Ich bin 37 Jahre alt. Bitte, teilen Sie mir näheres mit.

Ein bitteres Schicksal, schon klar. Da hat ein 37-Jähriger seit 20 Jahren mit Haarausfall zu tun, musste also schon als Jüngling im Alter von 17 Jahren ... das ist ganz, ganz schlimm ... und dann in der Tanzstunde ... nicht auszudenken. Voller Mitgefühl teilten wir nichts mit, nicht einmal näheres.

Dieser Brief trug eine unleserliche Unterschrift:

auß einem Artikel der AZ mit einem ihrer Mitarbeiter entnehme ich dass sie an ein Buchstoff Interesse haben, der auch die Armut und das Elend sozusagen die Neue Armut beschreibt. Ich habe ca. 1000 Seiten Handgeschriebenes Material u. a. Briefe von Persönlichkeiten. Mir schwebt ein Buch vor, zwischen Norman Mailer's „Gnadenlos" und Einer flog über das Kuckucksnest.

...

Schicken Sie aber auf jedenfall etwas Geld für Kaffee, Tabak, Porto, Schreibwaren etc.

Hochachtungsvoll

Wir alle sind alte Arme, da tangiert uns die Neue Armut nun wirklich nicht. Und über die dann auch noch 1000 Seiten Handgeschriebenes! Nein! Und es gab auch kein Geld für Nikotin und andere Narkotika. Das war schlecht von uns, gewiss, aber ein Zitat der EAV (Ersten Allgemeinen Verunsicherung) möge uns entschuldigen: „The evil is always and everywhere."

Ludwig, ein echter Schnorrer, schrieb wenigstens einmal pro Monat.

... will eine Bitte sozusagen als Schrei aus meiner Einsamkeit (vier nackte Wände und warten auf ???) Meine Welt ist eine verdammte eiskalte Herzlosigkeit und die Tage sind düster und nachtdunkel...

Besonders dieses Jahr, Hitze — Kälte — feuchte Luft — ich leide und so wird trotzdem das ich noch jünger bin, Leid und Schmerz zur letzten Liebe. Ich habe nichts mehr kein Erfolgerlebnis keinen Urlaub keine Berge, Wälder oder Meer nichts als die Trostlosigkeit der Krankheit.

Erlösung ist für mich Lesen von Aktions`Romanen da vergesse ich wen die Schmerzen nicht zu groß alles — meine Welt des negativen Ausgestoßen seins! BITTE hätten Sie für mich Lesestoff egal für mich zählt die Spannung und das Wort — Leseexemplar oder beschädigtes!

Ich kann Sie nur Bitten und Ihnen Danken für eventuelles Verstehen meiner Lage für Ihre Menschliche Güte und Ihre Mühen ein schlichtes DANKE!

Für mich ist dies der Sommer der Verdammten!

In regelmäßigen Abständen schickte Ludwig, „ein noch relativ junger Kranker", uns seine herzzerreißenden Briefe, die alle um die „eiskalte Herzlosigkeit" (ersatzweise „sterile Herzlosigkeit"), „nachtdunkle Tage", „vier nackte Wände" kreisten. Bei jedem Brief mussten wir uns fragen, warum Ludwig ständig Bücher erbat, wo er doch offensichtlich sämtliche Lore-Romane zu Hause hat. Sein Briefstil lässt eigentlich keine andere Deutung zu. Und mit diesem Mysterium mussten wir lange Jahre leben.

Voller Ernst lasen wir diesen Brief von Ernst:

hiermit liefere ich Ihnen den wichtigsten Teil meiner Lebensgeschichte ab. Sie enthält ein streng wissenschaftliches Kapitel über das Fazit meiner Selbstanalyse. ... 20 Jahre der Prüfung und des Leidens liegen hinter mir. Sie haben in nuce vor sich, was ich mir mit Herzblut von der Seele schrieb. Mein Buch kann auch als Prophylaxe gegen Krankwerden allgemein gelten. ... möchte ich dem Opus den Titel geben:

Die Liebe als beste Psychotherapie

Lesen Sie meinen „Ausklang" über die Liebe, dann wissen Sie Bescheid.
...
Ich opfere Ihnen meinen Urlaub. Deshalb meine Bitte: Fertigen Sie schnell ein paar Schreibmaschinen-Abzüge von den vorliegenden 100 Seitzen. Ich brauche sie für meine Copy-right-Verhandlungen in Paris, London, Madrid und New York. Sie sind für das ganze Deutschsprachige Gebiet zusändig. Haben also einen Ansprechkreis von 80 000 000, wenn man von den Kindern absieht. Dieses Traktat über die Heilkraft der Liebe gehört in jede Familie. Also drucken Sie als Erstauflage 1 Mio Exemplare.

Über meine Vergütung müssen wir am Donnerstag nächster Woche sprechen. Ich bin nämlich — wie jeder gute Autor blank.

Mein Konto bei der Kreissparkasse Hannover ...

Wir wollen ja nicht angeben, aber über die Liebe wissen wir so gut Bescheid, dass wir uns mit dem „Ausklang" von Ernst nicht intensiver zu beschäftigen brauchten. Wir mussten ihm absagen, auch weil unser Kopiergerät kaputt war und wir die geforderten Seiten für die Copyrightverhandlungen nicht rechtzeitig hätten liefern können. Aber wir sprachen ihm gut zu, persönlich und eindringlich: Kopf hoch, Ernst, bei einem Ansprechkreis von 80 Millionen (auf des Autors Bitte hin lassen wir die Kinder mal unberücksichtigt) wird sich schon jemand finden lassen, der das in Ihrem Sinne ins Reine bringt.

Es ist klar, dass er uns am Donnerstag der folgenden Woche nicht aufsuchte.

„... hat

meine

Sexual-

frequenz

verdreifacht"

oder

Spinner

Im Universum der Spinner ist Platz für viele. Es treten unter anderem auf: Kaspar Hauser, Herr W und der Chief Constable. Die inhaltlichen Ansätze reichen von privat – „Ohrenleiden" – über den „Maßregelvollzug" bis in den „Nahen Osten" und in „den Westen generell".

Charakteristisch für Spinner ist die Ausdauer, mit der sie völlig disparate Motive aneinanderreihen. Personen (auch prominente) und Gegenstände (mysteriöse) werden wie Farben im Kaleidoskop zusammengemischt. Bei ausgeprägter Redseligkeit streut der Spinner ab und zu Bruchstücke aus seinem Privatleben ein, was zur weiteren Verrätselung seiner literarischen Absichten beiträgt.

Schließlich verfügt er über ganz spezielle technische Hilfsmittel: die Gehirnsonde in der Stirnhöhle und den Minisender im Ohr. Durch die Gehirnsonde wird er programmiert, über den Minisender wird ihm die Zukunft vorausgesagt.

Fritz hatte uns Persönliches mitzuteilen:

Psychische Folter im öff. Dienst

Sehr geehrte D a m en und Herren
zum o.g. Titel übersende ich eine Dokumentation und teile Ihnen
mit, daß ich für eine Rückäußerung dankbar wäre.

Dokumentation

Zahllose Waldspaziergänge und absolute Neutralisation durch
Meditation brachten keine Erkenntnisse über die Ursache meines
Ohrenleidens.
...
Ich habe eine spezielle Meditationsmedothe, die mein Ohren-
leiden linderte, aber nich ganz kurierte (sie hat meine Sexual-
frequenz verdreifacht).
...
Wenn Herr W und ich alleine sind, sitzt er mir immer mit Poker-
face gegenüber; er beginnt nie ein Gespräch, immer bin ich es,
der mal die Eintacht o.a. kommentiert. (Meine Begeisterung für
Carl F. von Weizäckers „Sonntagsgespräch" und „Zeugen des
Jahrhunderts" hat ihn arg gewurmt).

Es hat nichts mit dienstlichen Obliegenheiten zu tun, wenn ich
mittags halbfertige Arbeiten an ihn zurückgeben muß: dieser Mann
weiß, dass mir dann das Herz blutet. Es hat nichts mit dienstlichen Notwendigkeiten zu tun, wenn er mir neun von zehn Prüf-
berichten mit einer fadenscheinigen Beanstandung zurückgibt.

Dieser Mann hat Minderwertigkeitskomplexe – zu erkennen an
seiner Sprechweise.

112

Aus nicht genannten Gründen muß dieser Mann mich quälen –
er ist ...

Das Amt für Wohnungswesen kann sich nicht damit heraus-
reden, die Triebart Herrn W's nicht erkannt zu haben: Wann
immer ich um ein Gespräch beim Personalchef und/oder beim
Sachgebietsleiter nachsuchte, dann durfte ich mich zwar „aus-
weinen", aber – wie ich jedesmal nachher erkannte – wessen
Standpunkt von vornherein Bestand hatte, war der von Herrn W.

Es ist Samstag, der 18.7. Ich werde diese Dokumentation „neu-
tralisieren" und dann entscheiden, wem ich sie zukommen lasse. .

Fritz hat eine offensichtlich optimal funktionierende Methode, mit Schwierigkeiten fertig zu werden: Er vollzieht
den Schritt der Neutralisation. Der hilft zwar nicht grundsätzlich, aber manch Erstaunliches tritt zu Tage: „Die Erkenntnis der Ursache des psychisch bedingten Leidens, der
Tubenverschluß ...", also diese Erkenntnis sollten sich HNO-
Ärzte mal zu eigen machen.
Und bei der erwähnten Nebenwirkung gerät man auch ohne
Ohrenleiden ins Grübeln, ob es nicht auch einem selbst ...
verdreifacht ...

Auch Hansi machte es kurz und bündig:

In der Anlage sende ich Ihnen mein Manuskript

„Ein perfektes Verbrechen oder auch: Die Verschwörung der Heuchler".

...

Die Prognosen sind günstig: Von Willy Brandt bis Willy Millo- witsch prognostiziert man Bestseller-Erfolg und sogar den Nobel- preis. 50 VIPs verhießen den Nobelpreis. Dazu kamen 100 Non- VIPS, darunter auch etliche Schizophrene, Minusvarianten, Oligophrene. Wie verspricht man Ihnen denn den Nobelpreis und Bestseller-Erfolg? So werden Sie fragen. Nun, ganz einfach: Per Minisender in meinem Ohr.

...

Veröffentlichen Sie meine Backgroundstory. Geben Sie mir eine Chance und stehlen Sie mir nicht so viel Zeit, kostbare, unwieder- bringliche Lebens- und-Liebeszeit, wie die anderen 63 Verleger!

Unser Neutralisationskünstler Fritz hatte nur ein Feld-Wald- und Wiesen-Ohrenleiden (zu häufige Waldspaziergänge!), aber Hansi hat einen Minisender im Ohr. Und über den hört er Unerhörtes: sein Manuskript sei nobelpreisverdäch- tig. Unser Kommentar steht bei Goethe: „Die Botschaft hör' ich wohl, allein mir fehlt der Glaube."

**Was Rosel am Herzen lag, formulierte sie ziemlich an-
maßend:**

*Herr Josef der vom Vogelherd hat in den Jahren zwischen 1948
nach der Wähungsreform bis 1951 die von mir in dieser Zeit ver-
fassten ca 1000 Long- und Bestseller in Verlagen wie … herausbringen lassen um damit seine ZAHLREICHEN Nachkommenschaften zu versorgen nun ist er 1983 gestorben und ich bitte Sie
mir die mir selbst verdienten Honorare nicht an andere Leute
weiterzugeben, da die Nachkommenschaften aus dem „Vogelherd"
bereits eine Ausbildung und ein erfolgreiches Ausbildungsziel zum
selber Leistung erbringen erreicht haben müßten. ZUNÄCHST
BITTE ICH SIE UM DAS HONORAR FÜR BAND NR. 527
monatlich und und zum Nachprüfen ob das Buch im Text nicht
etwa verändert wurde ein Gratisexemplar.*

Als wir von Rosel diesen Brief erhielten, fragten wir uns:
Will die Dame uns verarschen? Schließlich gibt sie an, in
drei Jahren ca. 1000 Long- und Bestseller verfasst zu haben.
Wir sind vom Fach und wissen: Das ist schlicht unmög-
lich, wo doch manche Autoren in drei Jahren nicht mal ein
einziges Buch zu schreiben in der Lage sind. Also bekam
die Dame auch kein Honorar, geschweige denn ein Gratisexemplar.

Christians Versuch kam per Einschreiben:

Sehr sehr hochgeehrte Herren Altfesteigentümer!

Ganz neu selbst jenes recht ziemlich alte Ernstganzgeschichtebuch über Deutsche jenes neunordamerikanischen Neuerarbeiters Veit Valentin fest zu eigen zu haben, um ganz neu ohne ganz richtiges Neuerstaunen sofort frisch behaupten zu müssen, daß jenes recht ziemlich alte Ganzgeschichtebuch aller Deutschen erheblich sofort von ganz richtiger Genaugeschichte ab zu weichen, weil ganz neu jene ganz richtigen Deutschen ernst ganz alte Slawen und Neukruzitürken und Juden zu sein, woherbei selbst ernst gar kein Neugruseln zu befallen ...

Obgleich wir nicht die angesprochenen Altfesteigentümer waren, betraf uns dieses Schreiben. Weil Spinner nun mal ins Lektorat gehören. Wir haben uns eingehend mit Christians Brief beschäftigt und uns an seinen sprachlichen Irrlichtern nicht satt sehen können. Vor allem an seinen sprachlichen Neuschöpfungen wie „Dauersauzweikampf", „schwerstfrech" oder „wildwüste Greuelgrausammärchen" berauschten wir uns. Das waren Trouvaillen von ganz erlesener Art. Und die wollten wir auch in Zukunft nicht missen, weshalb wir Christian nicht absagten. Und in der Tat: Er schrieb uns in regelmäßigen Abständen.

Und das hatten wir Udo zu verdanken:

Man muß an die Bankiersfamilie Rockefeller denken und besonders an den jetzt 48 jährigen David Rockefeller, der aus verschiedenen Serien bekannt ist. Hans Magnus Enzenesberger und seine Familie scheinen eine Verbindung dieser Familie zu haben und Hans Magnus Enzensberger scheint auch eine Verbindung zum Nahen Osten zu haben ... Hans Magnus Enzensberger ist wahrscheinlich homosexuell wie der junge Rockefeller und dies scheint aus den Medien hervorzugehen. Wie diese Tatsache die politische Entwicklung in Amerika und im Westen generell beeinflussen werden, weiss ich nicht. Das militärische Engagement im Nahen Osten ist wahrscheinlich von machtpolitischen Erwägungen motiviert und nicht von sexuellen, die eher eine klimatische und kulturpolitische Bedeutung haben.
...
Jetzt habe ich angefangen etwas science fiction zu beschaffen wie es sich für einen Roboter und einen Computer und einen Astronauten ziemt. Ich werde nicht eine Menge Nahmen nennen aber Sie kennen vielleicht Ballard, Lem, van Vogt und einige andere.

Die Frage „Was macht man mit dem Brief eines Roboters?" blieb lange in uns lebendig. Dann fanden wir die Lösung: Man liest ihn, man wundert sich, man überlegt sich eine passende Antwort – und dann schmeißt man ihn weg.

Von Hermine erreichte uns diese Nachricht:

Lektorat

Beherzigungsprisma / Familienesprit

Sehr geehrter Herr

Ich hoffe dass Ihre Ausdrucksweis nicht Ausdruck einer zwischen gebildeten unüblichen Intoleranz und eines grundlosen Fremdenhasses ist. Vielmehr führe ich Ihren Tonfall auf das Fehlen einer offiziellen Distanzierung gegenüber jeglichem leninistisch-marxistischen Gedankengut zurück. Dies erfolgte jetzt meinerseits.

Ich wählte Ihren Verlag, da ich auf das Hinzuverdienen durch Buchveröffentlichen bzw. durch Übersetzungen bzw. Anteil der finanziellen Einkünfte im Alter angewiesen bin und mir keinerlei Spenden, Verlagszuschüsse etc. durch Knappheit der Kalkulation leisten kann.

Bitte sind Sie mir behilflich bei anderen mittleren Verlagen. Es ist nichts anderes vorgesehen als zusätzliche Einkünfte im völlig privaten Alter. Verlagszuschüsse kann sich die Autorin nicht leisten.

Hochachtungsvoll!

Schmerz über einen Bumerang ist lang.

Tja, wenn diese Autorin sich Verlagszuschüsse nicht leisten konnte, was genau wollte sie dann von uns? Eines war uns klar: Sie wollte „zusätzliche Einkünfte im völlig privaten Alter", also nicht im halbprivaten. Wenn halbseiden nicht so schön ist wie seiden, wenn die Halbwelt zuweilen attraktiver ist als die Welt, was steht dann im Gegensatz zu völlig privat? Das hätte die Dame ausführen sollen, statt uns das „Fehlen einer offiziellen Distanzierung gegenüber jeglichem leninistisch-marxistischen Gedankengut" vorzuwerfen.

Gerdas Schreiben, dem Lieblingsbrief der Autoren, gebührt ein prominenter Platz in diesem Büchlein.

Sehr verehrte Damen und Herren,

schreibe gerade an einem Buchmanuskript über die neuesten Waffentechnologien, war an diesen Erfindungen maßgeblich beteiligt, so dass ich aus nächster Nähe autobiografisch berichte.

...

Ich selbst hatte ungefähr dreissig Waffensysteme erfunden, welche bereits entwickelt wurden und auch für das Ausland gebaut wurden. Sie können also sicher sein, dass dieses Manuskript spannendst geschrieben ist und auch Spionage im Spiel war, zum Beispiel der Fall Guillaume.

Für meine Erfindungen für Amerika bekam ich mehrere Millionen Dollar, welche ich zur Gründung der Frauen-UNO zur Verfügung stellte.

Auch die schnellste Militärmaschine der Welt — die deutsche MCRA Tornado wurde von mir entworfen.

Derzeit interessiert sich jemand für ein Drehbuch über meine Themen, so dass ich mir nicht sicher bin, ist das besser, erst der Film und dann das Buch oder umgekehrt.

Mit herzlichem Dank

Die Stillen im Lande, sie wirken im Verborgenen. Bis sie sich outen. So bei Gerda. Da werkelte diese Dame, die in einer kleinen mitteldeutschen Stadt zur Untermiete wohnt, über Jahre vor sich hin und konstruierte die wirkungsvollsten Waffensysteme, die die Nato, was sagen wir: die Welt noch nie gesehen hatte.

Auch uns überraschte die Dame mit ihrem Schreiben. Nach eingehender Erörterung ihres Elaborats waren wir überzeugt: Wann immer die Dame erfolgreich war, hatte sie eine Bombenstimmung. Und wir? Wie ließen es krachen, als wir ihr absagten. Schließlich sind wir Pazifisten.

Schließlich erhielten wir von Sebastian noch besondere Post:

Echo der Zeit

Jack the Ripper

Sehr geehrte Damen und Herren,
die sterbende Polly/Molly Nickels soll noch den Namen des Rippers genannt haben. Das wurde auf einem in Nienburg/Weser gefundenen Zettel durch den damaligen Chief Constable bestätigt:
Molly was right. It was Stanhope, I saw him in the cave.
Chief Constable, Search and Found.
Ein Zettel bezog sich auf den Angriff auf Caspar Hauser, aber nicht in Ansbach oder Nürnberg, sondern Nienburg. Der damalige Nürnberger Bürgermeister Binder ist der damals überlebende sechste Constable Binder I.
Auf Zetteln soll allerdings nachträgliche Ergänzungen vorgenommen worden sein, eine Bestätigung wurde zur Verneinung: It wasn't Stanhope. Jedoch muß man dazu wissen, dass die von Chief Constable sonst gebrauchte und übliche Verneinung gelautet haben soll: He did not do it.

Als Constable unterschrieb er seine Merkzettel mit Search and Seach, aber als er fündig wurde starb er, wie seine Kameraden, die auch unter der alten Markthalle gestapelt worden sein sollen. Ein Polizist mit dem Spitznamen Edda fand mindestens einen der Zettel. Als eine vermutete spätere Verwandte vom Markthallenzwischengeschoß Wände durchbrochen hatte, las sie die Zettel vor, steckte sie in den Mund und warf sie weg. Im damaligen Eckhaus am Schloßplatz nahm sie den wichtigsten Zettel wieder an sich.

Durch eine Art Hypnose wird ihr der Rückweg durch eine nicht verschlossene Tür versperrt worden sein.

Mit dem üblichen Gruß

Mit einem Zuckerl wollen wir dieses aufbauende Büchlein beschließen. Der Text dieses Schreibens ist so inhaltsschwer, so verklausuliert, so abstrus, dass er unkommentiert bleibt. Finden deshalb Sie, liebe Leserinnen und Leser, selbst heraus: Wer ist wer? Wer ist wo? Wo ist was? Weshalb ist was wo?

Und warum schrieb Sebastian diesen Brief? Genießen Sie das Mysteriöse, vertiefen Sie sich ins Abgründige und lösen Sie die Rätsel. Wir drücken Ihnen die Daumen.

Mit dem üblichen Gruß
Ihre Autoren

Nachwort

Zwischen Kitsch, Konvention und Kretinismus bewegen sich die Texte, die in diesem Buch präsentiert sind. Gemeinsam ist ihnen ein ausgeprägtes Mitteilungsbedürfnis; unübersehbar auch der Stolz, mit dem großartige Bucherfolge bereits im Akt des Anbietens als selbstverständlich garantiert werden.

Getragen wird das hohe Selbstwertgefühl der Briefschreiber von den gesellschaftlichen, politischen, religiösen oder sonstigen Wahnideen, die gebieterisch nach Ausdruck verlangen. Raumfahrt vermischt sich mit Glaubenselementen. Die Schreiber sind nicht nur ihren persönlichen Bekenntniszwängen unterworfen, sondern ihre vielfältigen Wahnvorstellungen knüpfen auch an Phänomene der Alltagswelt an; Phänomene, die nach aktueller gesellschaftlicher Konvention es durchaus wert sind, literarisch behandelt zu werden.

Der Übergang vom konventionell Gedachten zum Wahn ist fließend. Am Leser ist es, diesen Übergängen nachzuspüren und die Auflösung von Wahn und Wirklichkeit im Komischen auf sich wirken zu lassen.